光文社古典新訳文庫

モーセと一神教

フロイト

中山 元 訳

kobunsha classics

光文社

DER MANN MOSES UND DIE MONOTHEISTISCHE RELIGION

1939

Author : Sigmund Freud

目次

モーセと一神教 5
第一論文 モーセ、一人のエジプト人 6
第二論文 もしもモーセがエジプト人であったなら 30
第三論文 モーセ、その民族、一神教 126
解説 中山元 314
年譜 336
訳者あとがき 343

モーセと一神教

第一論文　モーセ、一人のエジプト人

モーセという人物の実在性

　ある民族の子孫が、自分たちのもっとも偉大な祖先として崇めている人物について否定的な見解を述べようとすることは、好んでおこなわれるべきことではないし、また軽々しく企てられるべきものでもない。とくに自分がその民族に属しているのであれば、なおさらのことである。しかしどのような前例があろうとも、思い込んだだけの民族的な利益を盾にとって真理を不当に扱うことは許されない。むしろ実態を解明することによって、新たな洞察がえられることが期待されるというものである。

　モーセという人物はユダヤ民族の解放者であり、民族に律法を与えた人物であり、さらにユダヤ教という宗教を創始した人物でもある。しかしあまりに遠い昔のことなので、そもそもこの人物が歴史的に実在していたのか、それとも伝説によって語り伝えられた人物にすぎないのかという問題を、最初に解決しておかなければならない。

この人物が実際に生きていたとすれば、それは紀元前一三世紀頃、あるいはおそらく紀元前一四世紀頃のことである。この人物については聖書と、ユダヤ人が記録した伝承からえられる情報のほかには、わたしたちはいかなる知識も手にしていない。それでも確定的なことは言えないとしても、大多数の歴史家たちは、モーセは実在の人物であり、モーセについて語り伝えられているエジプトからの脱出も、実際に起きた出来事であると考えている。

このことを前提としない限り、イスラエルの民のその後の歴史は理解できなくなるという主張には正当な根拠がある。今日の科学は一般に慎重な姿勢をとるようになっているものの、歴史的な検証が開始された頃と比較すると、語り伝えられた伝承にはそれなりの敬意を払うようになっている。

モーセという名前について

モーセという人物についてわたしたちがまず最初に関心を持つのはその名前である。この名前はヘブライ語ではモーシェと発音される。これについては、この名前は何に由来するのか、この名前は何を意味しているのかが、まず問われることになろう。

よく知られているように、聖書の「出エジプト記」の第二章で、その答えがすでに示されている。それによるとエジプトの王女が、ナイル河に捨てられていた小さな男の子を拾い上げた後に、語源学的な根拠によって、この男の子にモーシェという名前を与えたのだと伝えられている。「水の中からわたしが引き上げたのですから(1)」と。しかしこの説明ではまったく不十分である。『ユダヤ辞典』のある筆者は、*1「聖書に示された〈水から引き上げられた者〉というこの名前の解釈は民間の語源解釈によるものであって、ヘブライ語の能動形と一致させることができない」と指摘している。「モーシェとはせいぜい引き上げる者を意味することができるにすぎない」という。

この否定的な見解はその他の二つの理由によって裏づけることができる。何よりもエジプトの王女がヘブライ語によって名前をつけたというのは信じられないことであるし、男の子が引き上げられた川がナイル河であったとはとうてい考えられないからである。

これに対してかなり前からさまざまな方面から、モーセという名前がエジプト語に由来するのではないかという推測が語られてきた。このような意見を表明しているすべての著者の名前を列挙する代わりに、ここではJ・H・ブレステッドの新しい書物[*2]から該当する箇所を翻訳して示しておくことにしよう。この著者の『エジプトの歴史』（一九〇六年）は、権威ある書物として評価されている。それによると「この指導者の名前モーセがエジプト語であったことは注目に値する。エジプト語のモーセはたんに子供を意味するにすぎない。たとえばアメン・モーセはアモンの子供の意味であり、プター・モーセはプターの子供の意味であるが、このモーセという名前はより完全な名前を省略した短縮形にすぎない。アメン・モーセ（アモンの生んだ一人の息子）やプター・モーセ（プターの生んだ一人の息子）という言葉そのものも、より長い文章を省略したものである。

この子供（モーセ）という名前はやがて、長くて冗長な完全な表記の名前の代用物として便利に使われるようになった。実際に〈モーセ〉という名前はエジプトの記念碑にしばしば見られる。モーセの父親も、自分の息子にプターの息子とかアモンの息子などを意味するような名前をつけたに違いないのであるが、これらの神々の名前はやがて日常の生活のうちで次第に省略されるようになり、この小さな男の子はたんに〈モーセ〉と呼ばれるようになったのである。ところでモーセ（Moses）という名前の最後のｓの文字は旧約聖書をギリシア語に翻訳する際につけられたものである。ヘブライ語ではこの名前をモーシェ（Moche）と発音するのであり、そこにこのｓの文字はついていない」。

わたしはこの部分を逐語訳で訳したが、そこで述べられていることの細部に責任を負うつもりはない。またブレステッドがこれらの名前を列挙するにあたって、アー・モーセとか、トゥート・モーセ（トトメス）とか、ラー・モーセ（ラムセス）などのような神の名前に由来するエジプトの国王の名前を列挙しなかったのはなぜか、少し訝《いぶか》しく思われる。

そうしてみるとモーセの名前がエジプト語であると考えた多くの研究者のうちには、エジプト語の名前を持つ人物はエジプト人であったと結論したか、少なくともその可能性があったとみなしていた人がいても不思議ではあるまい。近頃ではわたしたちはためらうこともなしに、こうした結論を下しているからである。ただし最近ではある人物が一つではなく、姓名という二つの名前を持っていることが多く、新たな条件のもとでは名前が変えられたり修正されたりすることがないわけではない。だから詩人の［アーデルベルト・フォン・］シャミッソーがフランス人であったり、ナポレオン・

ボナパルト［ナポレオーネ・ブォナパルテ］がフランス人ではなくイタリア人であったり、ベンジャミン・ディズレーリがその名前から予想されるように実際に（イタリア系の）ユダヤ人であったと教えられても、わたしたちはとくに意外に思うことはなくなっている。

そして古い昔の時代にあっては、名前からその人物の所属する民族を想定するのが今よりもはるかに確実なことであり、そうせざるをえなかったのは間違いないと思われる。ところがわたしの知る限りでは、いかなる歴史家もモーセについてこのような結論を引き出していないのである。そしてブレステッドを含めて、モーセが「エジプト人のあらゆる知恵に」通じていたと想定する歴史家たちのうちの誰も、このように結論していないのである。[*3]

歴史家たちがこの結論を下すのを妨げたのは何であったかを確実に推定することはできない。おそらく聖書の伝承への尊敬の念を克服することができなかったのであろう。あるいはモーセという人物がヘブライ人ではなかったなどと考えるのが、いつでも恐ろしいことに思われたのであろう。いずれにしてもモーセの名前がエジプトの名前であると認めることが、モーセの生まれについて判断するために決定的なものとみなされなかったこと、そしてこの名前についての認識からいかなる結論も下されなかったことは明らかである。この偉大な人物の生まれた民族を確定することが重要な課題であるとすれば、この問題を解くための新たな資料をここで提示することは望ましいことと言えよう。

わたしのこの小論はまさにそのことを目指している。この論文が雑誌『イマーゴ』に掲載されるのは、精神分析の応用に貢献することを目指しているからである。ここに示された論拠に説得力があるとみなすのは、精神分析の思考に親しんでおり、精神分析のもたらしたものを評価することのできる少数の読者に限られるかもしれない。それでもこうした少数の読者にとっては、この論文は有意義なものと思われるのではないだろうか。

捨てられる英雄たち

一九〇九年に、オットー・ランクはまだわたしの影響下にあり、わたしの提案に基づいて『英雄誕生の神話』というタイトルの論文を発表した。*4 この論文では「ほとんどすべての重要な文化的な民族は、……（中略）……ごく早い時期から、詩や伝説において彼らの英雄や、伝説的な国王や君主、宗教的な開祖、王朝や帝国や都市の創設者など、彼らの民族的な英雄を賛美してきた」という事実を取り上げている。「こうした民族はとくに、これらの人物の誕生や幼年期の出来事に幻想的な特徴を与えている。こうした特徴は驚くほど類似したものであり、時には遠く離れたまったく無関係な多くの民族の間で、ほとんど同一の特徴が語られていることは以前から知られていたことであり、多くの研究者の注目を集めてきた」と述べられている。ここでランクの方法にならって、これらのすべての物語の本質的な特徴をまとめ上げるいわばゴルトンの技術を使いながら、(2)「平均的な伝説」を構成してみると、次のような状況が確認できる。

「この英雄はきわめて高貴な両親に生まれた息子であり、多くの場合は王子である。英雄の誕生に先立ってさまざまな困難な事態が存在している。たとえば禁欲生活、母親の長期的な不妊、外的な要因による禁止や妨害のために両親が密会せざるをえなかったことなどの困難が想定されている。母親の妊娠期間中に、あるいはそれよりも前に、英雄が誕生することを告げる予告（夢や神託）が現れるが、これは多くの場合、やがて父親の身に訪れるはずの危険を知らせるものである。

このため多くの場合、生まれたばかりの子供は父親や父親を代理する人物の命令によって殺されるか、捨てられる運命となる。子供は原則的に小さな箱の中に納められて水に流されるのである。

やがてその子供は動物か身分の低い人物（羊飼い）によって救われ、雌の動物か、身分の卑しい女性によって乳を与えられる。

子供は成人すると、波乱万丈な経験をしたあとで、身分の高い両親に再会するが、そこで父親に復讐を遂げるか、あるいは父親の息子としての身分を認められ、偉大な権力と栄光を獲得する」。

このような英雄の誕生神話がそのまま該当する歴史的にもっとも古い人物としては、バビロンの創設者であるアガデのサルゴン（紀元前二八〇〇年頃）が挙げられる。ここで彼自身の語ったとされる言葉を引用するのは、わたしたちの研究にとっても意味のあることであろう。

「われはサルゴン、強大なる国王、アガデの王である。わが母は斎女《いつきめ》であった。わが父の名前をわれは知らない。わが父の兄弟は山中に住んでいたと伝えられる。斎女であったわが母は、ユーフラテス河の河畔にあるわが町アズピラニでわれを身籠もった。母は隠れてわれを出産した。葦の小箱にわれを入れ、その小箱の蓋を瀝青で封印し、われを河の流れに委ねた。われは溺れることなく、川の流れによって水汲み男アッキのもとに運ばれた。心優しい水汲み男アッキはわれを水から掬い上げ、水汲み男アッキはわれを自分の息子として育てた。水汲み男アッキはわれを自分の庭番とした。庭番であったわれを［女神］イシュタルは愛し、われを国王とした。われは四五年にわたって王として国を統治した」[3]。

このようにアガデのサルゴンから始まる英雄誕生の神話の系譜においてわたしたちにごく馴染みとなっている名前としては、モーセ、キュロス、ロムルスなどが挙げられる。さらにランクは詩や伝説の中に登場する多数の英雄像をまとめているが、こうした英雄の生涯においては、同じような幼少時代の物語のすべてであるいはその特徴的な一部がくり返し現れているのである。こうした英雄たちにはオイディプス、カルナ、パリス、テレフォス、ペルセウス、ヘラクレス、ギルガメッシュ、アンフィオン、ゼトスなどがいる[4]。

これらの英雄の特徴

ランクの調査によってこの神話の源泉と一般的な傾向が明らかになった。これについてはごくかんたんな輪郭を示すだけで十分であろう。英雄とは、勇気をもって自分の父親に逆らい、最後には父親に対して圧倒的な勝利をおさめる人物である。わたしたちが考察しているこの神話では、英雄のこの戦いを個人の最古の時代にまで遡り、追跡しているのである。子供は父親の意に反して生まれ、父親の悪意にもかかわらず命を救われることになっている。小箱に入れて遺棄されるのは、誕生の象徴的な描写であることに疑いの余地はない。小箱は母の子宮を象徴し、川の流れは羊水を象徴する。

人々の見た無数の夢の中で、両親と子供の関係は、水の中から引き上げることとして、あるいは水の中から救い上げることとして描かれている。民族の空想によって、ある卓越した人物にこれまで述べてきたような誕生神話が語られるとすれば、それはその民族がこの人物を英雄とみなそうとしていることを示しているのであり、またこの人物が英雄の生涯の図式を満たしていることを知らせようとしているのである。

これらのあらゆる詩篇の源泉はいわゆる子供の「ファミリー・ロマンス」にある。(5)

このロマンスのうちで息子は自分の両親、とくに父親に対する感情的な関係において、著しい変化を示す。早期の幼年時代は父親に対する崇高なまでの過大評価で満たされており、それによって夢や童話の中に登場する王やその妃は、必ずと言ってよいほど両親を意味している。ところが成長してくると競合関係の影響や、現実の両親に対する幻滅のうちで、両親からの分離と、父親への批判的な態度が生まれてくる。この神話の中に登場する高貴な家庭と悲惨な家庭という二つの家庭は、その人物の家庭を二つの異なる姿で反映したものであり、子供が成長するに応じて人生の異なった段階で順次現れるのである。

この説明によって、英雄誕生の神話がさまざまな民族で語られており、しかもどれも同じような内容のものである理由がよく理解できるはずである。それだけにモーセの誕生と捨て子の物語は、この神話と比較して特別な位置を占めているのであり、ある重要な点で他の神話と矛盾していることが注目されるのである。

捨て子の二つの家庭の意味

伝説で語られる子供の運命は、二つの家庭のうちで展開されるのであり、わたしたちはこれらの二つの家庭から考察を始めることにしよう。わたしたちはすでにこれらの二つの家庭は精神分析においては同じ家庭として解釈され、ただ時期的に異なるものとして語られることを知っている。典型的な伝説の形式では、子供が生まれる第一の家庭は高貴な家庭であり、その多くは王侯の家庭の雰囲気を備えている。子供が成長する第二の家庭は身分の低い家庭であるか、あるいは没落した家庭である。そしてこの伝説を解釈するにはこの第二の家庭を基礎とするのが望ましいのである。

ただしオイディプス王の伝説ではこの二つの家庭の区別が失われている。王家から生まれた子供が捨てられるが、別の王家の夫妻によって拾われる。これらの二つの王家はもともとは同じものであり、オイディプス王の伝説ではその同一性が暗示されているが、それが偶然ではないことは明らかである。

英雄の神話では、周知のように偉大な人物の英雄としての性格を強調しようとする。そのため二つの家庭が社会的に対照的な関係にあるということは、歴史的な人格にとってとりわけ有意義なもう一つの機能を神話に与えるものとなっている。さらにこの二つの家庭の対照的な関係は、英雄が高貴な生まれであることを証明するものであって、英雄を社会的に高い地位に押し上げるために役立つ。

たとえばメディア人にとってはキュロスは自分たちを征服した異邦人であるが、捨て子伝説を辿っていくと、キュロスはメディア人の国王の子孫とされるのである。ローマのロムルスの場合も同じようなものである。ロムルスが歴史的に実在した人物であるとすれば、その人物は流れ者か成り上がりものだったに違いないのであるが、伝説においてはアルバ・ロンガ王家の子孫であり、後継者であるとされるのである。

モーセ伝説の特異性

ところがモーセの場合にはこれとはまったく事情が異なる。普通の伝説であれば第一の家庭は高貴な家庭であるはずだが、モーセの場合にはユダヤ系のレビ人《びと》の子供とされていて、ごくつましい家庭である。伝説では英雄が成長する第二の家庭は卑しい家庭であるはずであるが、モーセの場合には第二の家庭はエジプトの王家である。そして王女がモーセを自分の子供として育てるのである。モーセの伝説がこのように一般的な類型と異なるものであることは、多くの人々にとって奇異なことと思われたのだった。エドゥアルト・マイヤーと彼に続く研究者たちは(6)、この伝説はそもそも異なる内容を持っていたに違いないと考えていた(7)。それによると、ファラオが予言的な夢において、[*5]自分の娘が産む男の子が自分とエジプトの王国に危険をもたらすであろうと警告されたのである。そこでファラオは、娘に子供が生まれるとその子をナイル川に捨てさせた。ところがこの子供はユダヤ人によって救われて、ユダヤ人の子供として育てられたというのである。この伝承がわたしたちが現在目にしている形に変えられたのは、ランクによると「国民的な動機」のためだという。[*6]

しかし少しでも考えてみれば、そもそも通常の類型から逸脱しないような原モーセ伝説が存在していたことなどはありえないのである。というのもこの伝説はエジプト由来であるか、ユダヤ由来であるかのいずれかであるはずだからである。

ところでエジプト人にはモーセを英雄として賛美する動機などはなく、そもそもモーセは彼らの英雄ではないのであるから、この伝説がエジプト由来であることはありえない。だからこの伝説を作り出したのはユダヤ人であって、すでに伝えられているような形で、ユダヤ人の指導者である人物とこの伝説が結びつけられたに違いない。ところがこの伝説はその目的のためにはまったく不適切なものであった。ある民族にとって、その偉大な指導者が他の民族の出身者であるとする伝説が、いったいどんな役に立つというのだろうか。

現在のような姿で語られているモーセ伝説は、つねに注目すべき形でその背後にある意図を隠しているのである。モーセが国王の息子でないのであれば、伝説によってモーセを英雄とすることはできない。そしてモーセがユダヤ人の子供でありつづけるならば、この伝説はモーセを崇高な存在とするには役立たなかったのである。この伝説においてモーセが外部からの強い圧力にもかかわらず生き延びたことを保証している部分だけが、そうした目的に役立つものであろう。

そしてイエスの幼年時代の物語も、これと同じような特徴をそなえているのであり、そこではヘロデ王がファラオの役割を果たしている。そうであるとすれば、後世のある不手際な改作者がこの神話の素材に手を加えて、英雄を英雄たらしめる捨て子伝説に似た物語を自分たちの英雄モーセにも結びつけようとしたのだったが、モーセに固有の事情のためにそれがうまくゆかなかったと考えることができるだろう。

わたしたちの研究ではこのような不満足で不確実な結論でがまんしなければならないだろうし、こうした結論はモーセがエジプト人であったかどうかという問いを解決するためには、まったく役に立たないだろう。しかしこの結論からは、モーセの捨て子伝説を評価するためにもっと別の手がかりがみいだされるのであって、この手がかりはきわめて有望なものである。

新たな解釈による結論

神話で語られる二つの家族に戻って考えてみよう。すでに確認したように精神分析においてはこれらの二つの家族は同一のものであるが、神話の次元においてはこれらの家族は高貴な家庭と身分の卑しい家庭に区別される。しかし歴史的な人物が問題となる場合には、そしてその人物が神話と結びついている場合には、これとは別の現実という次元もまた問題となる。現実という次元から考えるならば、第一の家庭は、偉大な人物が実際に生まれ、成長した現実の家庭である。第二の家庭は、神話が語ろうとする意図に基づいて作り出された架空の家庭である。原則として、偉大な人物が実際に育った現実の家庭は、身分の卑しい家庭であり、神話のうちで作り上げられた架空の家庭は、身分の高い家庭である。

ところがモーセの場合には、いささか事情が異なるようである。ここで新しい視点を導入することが、事態を解明するために役立つと思われる。すなわち子供を捨てた第一の家庭がいずれにしても虚構の家庭であって、子供が拾われて成長する第二の家庭が現実の家庭であると考えるのである。この命題を普遍的なものとして承認する勇気があれば、そしてモーセの伝説もまたこれに含めることができるとすれば、次のことが一挙に明らかになる。すなわちモーセはおそらくは高貴な生まれのエジプト人であって、それが伝説によってユダヤ人とされたと考えるべきなのである。そしてこれこそが、わたしたちの下すべき結論だと考えることができよう。捨て子として川に流すという物語は、この新しい傾向に合わせて修正され、その意図が変えられたのであるが、そこにかなりの無理があった。すなわち子供は犠牲にされるためではなく、救われるために川に捨てられたというのである。

このようにモーセの伝説が同じ種類の他の伝説とは異なったものとなっているのは、モーセ伝説の特殊性によるものと考えられる。通常の伝説では英雄がその生涯のうちで自分の低い境遇から出発して高い身分に到達するのであるが、モーセという人物の場合には英雄的な生涯は高みからの転落によって始まるのであって、モーセはイスラエルの子供たちの一人に身を落とすのである。

わたしたちがこの小さな研究を始めた目的は、モーセがエジプト人であったという推測を裏づけるための第二の新たな論拠をみいだすことにあった。というのも名前の研究に基づいた第一の論拠は、多くの研究者に決定的な影響を与えるにはいたらなかったからである。[*7]

捨て子伝説の分析に基づいた新たな論拠が、その目的を実現できるとは限らないことも予想しておかなければならない。この論拠に対する反論としては、次のようなものが考えられるだろう。すなわちわたしたちが主張しようとしている結論を根拠づけるには、伝説の造形と変形の関係がそれほど見通しの良いものとなっていないことを指摘する議論が提示されるだろう。あるいはモーセの英雄的な姿に関するさまざまな伝承が錯綜して矛盾しているために、そして数世紀の長い期間にわたって意図的な改造と、積み重ねがつづけられてきたために、その背後にある歴史的な真実の核心に光を当てようとする試みは失敗せざるをえないことを指摘する議論も提示されるかもしれない。わたしはこのような否定的な議論には賛成できないが、それを正面から拒否することもできない。

結論の保留

もはやこれよりも確実なことは明らかにならないのだとすれば、わたしがこの研究を発表するのはそもそもどのような意味があるのだろうか。わたしがここで示す根拠づけというものも、単なる示唆にすぎないのは残念なことである。というのもここに示した二つの論拠に刺激されてさらに考察をつづけ、モーセが高貴なエジプト人の生まれだったという想定を真実だとみなすならば、きわめて興味深い広い展望が開けてくるはずだからである。

このように考えるならば、それほど的外れとは思えないまともな想定に基づいて、モーセに異例な一歩を踏み出させた動機が理解できるだろうし、それと密接に関係するが、モーセがユダヤの民に与えた律法と宗教のさまざまな性格と特異な特徴について理解できるようになるはずだからである。それによって一神教というもの全般の成立について重要な見解を提起することも可能になるだろう。

ただしこのように重要な問題を解明するにあたって、心理学的な蓋然性だけに依拠することはできない。モーセがエジプト人であることを歴史的な根拠のあるものと認めるとしても、そのようなことは空想の産物にすぎないとか、現実からあまりにもかけ離れているというような批判が寄せられるはずであり、それに対抗するためには少なくとも第二の強固な足場が必要となるのである。

モーセがいつの時代に生きていたのか、そしてエジプト脱出がいつおこなわれたのかを示す客観的な証拠があれば、そのような強固な足場になりうるであろう。ただしわたしはそうした客観的な証拠をみいだすことができなかったので、モーセがエジプト人であったという洞察から引き出すことのできるさまざまな結論をここで示すことは控えておこう。

第一論文の原注

＊1 『ユダヤ辞典』ヘルリッツ、キルシュナー編纂、第四巻、一九三〇年、ユダヤ出版、ベルリン。

＊2 『良心の誕生』ロンドン、一九三四年、三五〇ページ。

＊3 同、三三四ページ。ただしごく昔から現在にいたるまで、モーセの名前に触れることなく、モーセがエジプト人であったという推測は、くり返し述べられてきたのである。

＊4 ランク『英雄誕生の神話』［邦訳はランク『英雄誕生の神話』野田倬訳、人文書

院、一二ページ」。『応用心理学雑誌』［第一巻］第五冊、F・ドイティッケ、ウィーン。わたしはこの仕事にランクが独自の寄与をしたことの価値を過小評価するつもりはない。

＊5　これについてはフラウィウス・ヨセフスも同じように報告している［ヨセフスは『ユダヤ古代誌』の第二巻で、モーセの誕生の物語について、聖書とは別の報告を記録している］。

＊6　ランクの前掲書の八〇ページの注を参照されたい。

＊7　たとえば、エドゥアルト・マイヤーは「モーセ伝説とレビ人」（ベルリン・アカデミー年報、一九〇五年）において次のように述べている。「おそらくモーセという名前はエジプト名であろう。さらにシロの祭司一族のうちのピネハスという名前は、……（中略）……、間違いなくエジプト名である。もちろんこれらの一族がエジプト人であることが証明されるわけではないが、これらの一族がエジプトと関係があったことは証明されるだろう」（六五一ページ）。もちろん問題なのはその関係がどのようなものであったかということである。

第一論文の訳注

（1）「出エジプト記」第二章の該当箇所を引用しておく。「王女は彼をモーセと名付けて言った。『水の中からわたしが引き上げた（マーシャー）のですから』」（「出エジプト記」第二章一〇節（新共同訳））。

（2）フランシス・ゴルトン（一八二二～一九一一）はイギリスの人類学者、統計学者。人間の性格の個人差を研究して、類型化を試みた。

（3）アッカド王サルゴンの神話については、オットー・ランク『英雄誕生の神話』の邦訳の二七～二八ページを参照されたい。

（4）あまり馴染みのない名前についてランクの前掲書からかんたんに解説しておく。カルナは古代インドの叙事詩『マハーバーラタ』に出てくる英雄である。パリスはトロイアのプリアモスの息子で、トロイ戦争の原因を作った。テレフォスはテゲアの王アレオスの娘で、女祭司だったアウゲが隠れて生んだ王の息子である。アンフィオンとゼトスは双生児で、「七つの門をもつテーバイのいしずえを築いた」（ランクの前掲書の邦訳、七六ページ）英雄である。

（5）「ファミリー・ロマンス」（家族幻想）についてはフロイト「神経症者たちの家族

ロマン」道簇泰三訳、『フロイト全集 9』（岩波書店）三一五～三二二ページを参照されたい。

（6）エドゥアルト・マイヤー（一八五五～一九三〇）はドイツの歴史学者、古代史家。とくに地中海文明を研究の中心とした。主著は『古代史』。

（7）「出エジプト記」では、モーセが王の子供であるという物語は書かれていない。エジプトに住むユダヤ人の数が多くなり、強力になりすぎて脅威となったので、ファラオはユダヤ人の母が生む男の子を殺すように命じたのである。

第二論文　もしもモーセがエジプト人であったなら

第一論文の結論

この雑誌に以前に掲載した論文において[*1]、ユダヤ民族の解放者であり、ユダヤの民に律法を与えたモーセという人物がユダヤ人ではなく、エジプト人であったという推測を示し、それに新たな論拠を与えて裏づけようと試みた。モーセという名前がエジプト語に由来するものであることは、すでに以前から気づかれていたが、そのことが十分に注目されることはなかった。そしてわたしはモーセと結びついた捨て子の神話を解釈してゆくと、モーセはエジプト人であって、ユダヤ民族をあげてモーセをユダヤ人にする必要があったのだと結論せざるをえないことを指摘しておいた。

その論文の最後のところでわたしは、モーセがエジプト人であったという想定からは、射程距離の長い重要な結論が引きだされること、ただしこの想定は心理学的な蓋然性だけに基づいていて、客観的な証拠がないために、わたしは公然とは、この想定の責任を取る用意がないことを述べておいた。このような心理学的な方法で獲得された洞察が意味深いものであればあるほど、確実な証拠なしで、外部からの批判的な攻撃を受けてしまうことへの警戒心は強まるものである。まるで粘土の土台の上に青銅の彫刻を載せるようなものだからである。

それがいかに魅力的なものであるにしても、真実らしいというだけでは誤謬から身を守ることはできない。ある問題のすべての部分が、ジグソーパズルの小片のようにすべて揃っているように思われたとしても、真実らしさは必ずしも真実そのものではなく、真実がつねに真実らしく見えるわけでもないことに留意しなければならない。

つまるところ、わたしの主張がスコラ学者やタルムード学者の主張と同じようなものとみなされるのは、あまりうれしくないことである。こうした学者たちは自分の主張が現実からどれほどかけ離れているかについてはまったく気にかけずに、自分の議論の鋭さを振り回して満足しているのである。

こうした懸念はかつてと同じように現在でも、わたしの心に重くのしかかっているが、さまざまな動機の矛盾のうちから、最初の報告に続くこの新たな論文を発表しようとする決意が生まれてきた。ただしこの論文も全体像を描くものではないし、全体像のうちのもっとも重要な部分でもないことを指摘しておきたい。

一　二つの難問

さて、モーセがエジプト人だったとしよう。この想定からえられる第一の収穫は、答えようのない謎めいた問いが新たに生まれることである。ある民族またはある部族が[*2]、大きな冒険に乗りだそうとする時には、その民族同胞のうちの一人が指導者の役割を引き受けるか、あるいは人々に選ばれて指導者の役割を与えられるのは、疑問の余地のないところである。

しかしある高貴なエジプト人が、王子あるいは聖職者や政府高官の地位にありながら、エジプトに移住してきた文化的に遅れた異邦人の集団の先頭に立って、この群れとともに祖国を去ったのだとすれば、それはなぜであったのかを推測するのは容易なことではない。

エジプト人が異民族に対して侮蔑的な態度をとっていたことは周知のことであり、それだけにこのようなことがありえたとは考えにくいのである。そこで歴史家たちは、モーセという名前がエジプト由来の名前であることは認めながらも、そしてモーセがエジプトのあらゆる知恵を備えていることは認めながらも、モーセが実際にエジプト人であったというわかりやすい可能性を受け入れようとしなかったのだと思われる。

この第一の難問につづいてただちに、第二の難問が挙げられる。というのもモーセはたんにエジプトに定住していたユダヤ人の政治的な指導者であっただけではなく、ユダヤの民に律法を与え、ユダヤの民を教育した人物であったこと、そしてそれだけではなく今でも彼の名前にちなんで、モーセの教えと呼ばれることもある新しい宗教をユダヤの民に強制した人物であることを、忘れてはならないのである。

ところで一人の人間がこれほどたやすく新たな宗教を創始することができるものだろうか。そしてある人が、何らかの形で他の人々の宗教に影響を与えようとするならば、それらの人々に自分の宗教を信じさせるのが自然な成り行きというものではないだろうか。エジプトに住んでいたユダヤ民族もおそらく何らかの宗教を持っていたであろう。そしてユダヤ民族に新たな宗教を与えたモーセがエジプト人であったならば、ユダヤの民に与えた新しい宗教というものもエジプトの宗教であったと推測するのは、無理のないことなのである。

モーセの宗教とエジプトの宗教の違い

ただしこの可能性を追求するには一つの障害がある。モーセが創始したユダヤ人の宗教は、エジプトの宗教とは著しく異なる宗教なのである。ユダヤ人の宗教はかたくななほどに偉大な一神教である。神はただ独りだけ存在し、この神は全能であり、近寄りがたく、その視線に耐えることもできず、その像を作ることは許されず、その名前を口にすることさえ許されない。

ところがエジプトの宗教には、さまざまな品位と由来をもつ無数の神々が見当もつかないほど存在する。天の神と地の神、太陽の神と月の神のように、大いなる自然の力が人格化された神々が存在する一方で、マート（真理、正義）の神のように、抽象化された神も存在するし、小人のベスのように、戯画化された神も存在する。しかし大部分の神は、エジプトの国土がさまざまな地方に分散していた時代に崇められていた地方の多くの神々である。これらの神々は、古代のトーテム動物から発展してきた過程をまだ脱ぎ捨てていないかのように、動物の姿をとっている。たがいにはっきりと区別することができず、特有の働きが明確に割り当てられていることもない。

これらの神々を讃える賛歌はどれも同じようなものであって、あっさりと神々を同一視してしまうので、絶望的なほどに混乱させられる。神々の名前が組み合わされて、ひとつの神の名前が別の神の名前の形容詞になってしまうこともある。たとえば「新王国」の最盛期におけるテーベの町の主神の名前はアモン・レーであったが、この組み合わせた名前のうちの第一のアモンの部分は、雄羊の頭を持つ都市の神であり、第二のレーは、オン（ヘリオポリスの古名）のハイタカの頭を持つ太陽神の名前である。これらの神々への献身の儀礼として、魔術的あるいは祭儀的な儀式がおこなわれ、呪文や護符が使われたが、これらの営みは同時にエジプト人の日常生活そのものでもあったのである。

このような違いの多くは厳密な一神教と、そうした制約のない多神教との原理的な違いから、たやすく説明することができるだろう。その他の違いは明らかに精神的な水準の違いによって生まれたものである。というのも多神教は宗教的にはまだ原始的な発展段階に近いものであるが、これにたいして一神教は洗練された抽象化の高度な段階に到達しているからである。

これらの二つの要因のために、モーセのユダヤ教とエジプトの宗教の対立は、望まれたものであり、しかも意図的に尖鋭なものとされたかのような印象が、ときに生まれるのかもしれない。たとえばユダヤ教では魔術や妖術に類するものを厳しく断罪するが、エジプトの宗教においてはこうした魔術や妖術は異例なほどに豊かにみられる。あるいはエジプト人は、神々の姿を粘土や石や青銅によって具体的に見えるものとして造形することに、尽きることのない欲望を抱いているようであり、現代のわたしたちの博物館はこれによって大きな恩恵を受けている。ところがユダヤ教においてはこれとは対照的に、生き物や思考の産物を像として作り出してはならないと厳しく禁じられている。

彼岸の問題

ところでこの二つの宗教の間には、これまで論じていないもう一つ別の対立が存在する。古代の他のいかなる民族と比較してもエジプトの民族ほど、死というものを否定することに力を尽くした民族はないし、彼岸での生存を可能にするために綿密な配慮をおこなった民族はないのである。それだからこそ他界を支配する死の神オシリスは、エジプトのあらゆる神の中でも、大衆によってもっとも信じられた至高の神であった。

これに対して古代のユダヤ教においては、不死というものを完全に断念している。いかなる時においてもいかなる所においても、死後の生命が持続する可能性は語られていない。このことを考えるならば、その後の［キリスト教の］経験が教えているように、彼岸の存在についての信仰が一神教と問題なく結びつくことができたということのほうが、まったく奇妙なことに思えるのである。

わたしたちはモーセがエジプト人であったと想定することで、さまざまな方面において多くの事柄を解明し、豊かな結果をもたらすことができると期待していたのである。ところがこの想定に基づいて下された最初の結論は、モーセがユダヤの民に与えた新たな宗教は、モーセ自身の宗教でもあったエジプトの宗教であるということになるが、二つの宗教の間の違いについて、というよりもむしろ二つの宗教の対立について考えるならば、この推論は破綻してしまわざるをえないのである。

二

エジプトの一神教

ところで後になって初めて確認されて評価されるようになったことであるが、エジプトの宗教史には奇妙な事実が存在しており、これが新たな展望を開いてくれる。というのはモーセがユダヤの民に与えた宗教は、たしかに彼自身の宗教ではあったが、それがエジプト一般の宗教ではなく、一つの特殊なエジプトの宗教そのものであったという可能性が残されているのである。

エジプトは輝かしい第十八王朝の頃に初めて世界帝国となったのであるが、紀元前一三七五年の頃に一人の若いファラオが即位した。この若いファラオは最初は父親と同じアメンヘテプと名乗っていたが（アメンヘテプ四世）、やがて「イクナートンと」改名したのだった。ところで王が変えたのは自分の名前だけではなかった。この王は支配するエジプトの民に、新たな宗教を信じることを、そして数千年来の伝統や馴染みの生活習慣のすべてを放棄することを強制しようとしたのである。

この宗教は厳格な一神教であって、わたしたちの知る限りでは、世界史における初めての一神教であった。そして信仰する神がただ独りであったことから、宗教的な不寛容が生じるのは避けがたいことだった。ただしこうした宗教的な不寛容は古代からの伝統における異物のようなものとして存在していたのであり、その後もずっと異物のようなものでありつづけた。ところでアメンヘテプ四世の治世はわずか一七年しか続かなかった。紀元前一三五八年に王が死去すると、たちまちのうちにこの新たな宗教は忘れ去られ、異端の王の思い出も捨て去られたのであった。

わたしたちがこの王について持っているわずかな知識は、この王が建立して自分の神を祀った新しい王宮の廃墟と、この廃墟の中にあった岩石の墓穴群に刻まれた碑銘文によってえられたものにすぎない。しかしこの奇妙で比類のない人物に関してわたしたちが知りうることは、きわめて興味深いものである。[*3]

一神教の伝統

新しいものはすべて、それ以前のもののうちにその準備段階と前提条件をそなえていなければならない。このエジプトの一神教の起源も、ある程度の確実さをもって過去に遡ることができる。[*4] オン（ヘリオポリス）の太陽神（レー）の神殿に仕える司祭たちの学校においてはかなり前から、普遍的な神という観念を発展させて、その本質にそなわる倫理的な側面を強調しようとする傾向が強まっていた。真理と秩序と正義の女神であるマートは太陽神レーの娘だった。

宗教改革を遂行したこのアメンヘテプ四世の父親であるアメンヘテプ三世の治世においてすでに、太陽神の信仰が新たな発展を遂げていた。おそらくこの時期に圧倒的な力を持っていたライバルのテーベの神アモンに対抗するためだったろう。太陽神のごく古い名前としてアトンあるいはアトゥムという名前があったが、これらの名前がふたたび強調されるようになり、若い王はこのアトン教のうちに新たな宗教的な動きをみいだした。そしてとくにみずから力を尽くす必要もなく、この宗教的な動きに参入することができたのである。

この頃にはエジプトの政治情勢が、エジプトの宗教に持続的な影響を及ぼし始めていた。偉大な征服者であるトトメス三世の戦争での功績によって、エジプトは世界の大国となっていた。南はヌビア、北はパレスチナ、シリア、メソポタミアの一部までが、帝国に所属するようになっていたのである。

この帝国にふさわしいものとして生まれた帝国主義は、エジプトの宗教においては普遍主義として、そして一神教として現れた。ファラオはエジプトの国外にあるヌビアやシリアについても配慮しなければならなくなっており、エジプトの神々は民族的な神であることをやめなければならなくなっていた。ファラオが今ではエジプト人に知られていた世界の唯一で絶対の支配者となっていたために、おそらくエジプト人の新たな神も、唯一で絶対の神とならざるをえなかったのだろう。さらにエジプトの王国の領域が拡大するとともに、エジプトは国外からの影響を受けやすくなったが、これもごく自然なことである。王妃の多くはアジア［オリエント］の王女たちであった[*5]し、シリアからは一神教への動きを推進する直接的な刺激も与えられたに違いない。

アメンヘテプ四世はオンの太陽崇拝との結びつきを一度も否定していない。岩の洞窟の墓の中に残された墓碑銘文に、アトン神への二つの賛歌が残されているが、これはアメンヘテプ四世自身が作ったものと考えられている。この神への賛歌においてアメンヘテプ四世は太陽を、エジプトの国外および国内のすべての生き物を創造した神であり、その保護者であると讃えているが、その賞賛の言葉の熱さに匹敵するものは、おそらく何世紀もあとにユダヤ人の神ヤハウェを賞賛する詩篇の中でやっと現れたほどのものだった。

しかしこの国王は、太陽光線の働きについてのこのような科学的な認識を、驚くほど早い時期に先取りしていただけではない。国王は太陽を物質的な対象とみなすだけではなく、光線の中にそのエネルギーをあらわに示している神の存在を象徴するものとして賞賛していたことは疑う余地がない。[*6]

王の宗教改革

しかしアメンヘテプ四世をたんに、彼以前にすでに成立していたアトン教の信奉者や後援者とみなすことは、この王の評価として妥当なものではないだろう。王の活動は、はるかに決定的なものだった。アメンヘテプはこれまでの普遍的な神に関する教義に〈排他性〉という要因を加えたのであり、これによって普遍的な神は初めて、一神教になるために必要なものを獲得したのである。国王が自ら作った賛歌のうちでそのことは直接に語られている。「ああ、唯一の神よ、汝の他にいかなる神も存在しない」[*7]。

ただしこの新しい教義の意味を評価するためには、その肯定的な側面を認識するだけでは十分ではないのであり、その否定的な側面も認識しなければならない。それが廃棄したものについても知らねばならないのである。またこの新しい宗教が、ゼウスの頭部からすっかり成長して生まれてきたアテナ女神のように、完全に武装して一挙に生まれてきたと考えるのは誤りであろう。

あらゆる状況から判断して、この新しい宗教の教義は、アメンヘテプの統治の期間の全体を通じて次第に明晰になり、首尾一貫したものとなり、厳格で不寛容な性格を強めていったと考えられる。この宗教的な発展は、国王の宗教改革に反対するアモン神の祭司たちの間で激しくなっていた反対運動の影響のもとで進められたのは確実であろう。アメンヘテプの統治が始まってから六年目に、この反対運動が激化したために国王は自らの名前を変えるにいたったほどである。というのもアメンヘテプの名前には、その当時すでに厳しく禁じられていたアモン神の名前が含まれていたためである。そこで国王はアメンヘテプという名前を捨ててイクナートンと名乗るようになったのである。*8

そして王は自分の名前から忌まわしいアモンという名前を抹消しただけではなく、あらゆる碑銘から憎むべき神アモンの名前を削り取らせ、さらには父親であるアメンヘテプ三世の名前からも、このアモンという名前を消し去ったのである。イクナートン王は改名した後にまもなく、アモン神が支配しているテーベを去って、下流に新しい王宮を建立し、これにアケタートン（アトンの地平）と名づけた。その廃墟となった場所は現在ではテル・エル・アマルナと呼ばれている。[*9]

王がもっとも激しく迫害したのはアモン神であったが、それだけではなかった。王国全土で伝統的な神々の神殿が閉鎖され、神々の礼拝が禁止され、神殿の所有物が没収された。そのうえ王は古い記念碑を調査させて、そこに「神」という言葉が複数形で神々として使われている場合には、それを削除させたほどの熱心さを示した。[*10] イクナートンの信仰によるこのような措置が、圧迫された聖職者たちや不満を抱いた人民の間に、狂信的と言えるほどの復讐心を燃え上がらせ、王の死後にこうした復讐心が表に出たとしても、不思議なことではない。

そもそもアトン神の宗教はあまり人気がなかった。この神を信奉したのは王とその側近の人々だけだったのであろう。イクナートン王の最期は闇に包まれたままである。国王の一家から複数の後継者が登場したが、いずれも影は薄く、すべて短命だったと伝えられる。王の娘婿のトゥトアンクアトン（ツタンカートン）はテーベに戻らされ、その名前のアトンという神の名前をアモンに変えるように強制された。

その後しばらく無政府状態がつづき、ホルエムハブ将軍が紀元前一三五〇年に秩序を回復するまで、その状態がつづいた。栄光に満ちた第十八王朝は消滅し、ヌビアとアジアにあった征服地も同時に失われた。この混乱に満ちた中間期に、エジプトの旧来の多様な宗教が復活した。アトン教は破棄され、イクナートンの王宮は破壊され、略奪にまかされた。この王についてはただ犯罪者であったという記憶が残っているだけである。

アトン神の宗教の性格

ここでアトン神の宗教のいくつかの否定的な性格について述べたいと思うが、それは特別な意図があってのことである。第一にこの宗教ではあらゆる神話的なもの、魔術的なもの、呪術的なものが排斥されたことを指摘しておかなければならない。*11

第二の特徴としては、太陽神の表現方法が変化したことが指摘できる。かつては太陽神は小さなピラミッドと鷹によって表現されたが、この宗教では一つの平坦な円盤という無味乾燥な表現に変わっている。この平坦な円盤から光が放射され、人間の両手の掌に達している。アマルナ期にはさまざまな芸術が豊かに花開いたが、太陽神の表現だけはこのような無味乾燥なものに限られた。その他には太陽神アトンの人格的な造形などは発見されておらず、今後もみいだされないのは確実であろう[*12]。

最後の特徴として、死の神オシリスと死の国について完全な沈黙が守られたことを指摘できる。神を称える歌も墓碑銘も、エジプト人の気持ちにとっておそらくもっとも切実な意味を持っていたはずの死後の世界については一言も語っていない。この宗教と民族宗教との対立が、この問題についてはきわめて明確に示されているのである[*13]。

三

モーセの宗教

こうしてここで、結論を下すことができるだろう。もしもモーセがエジプト人であったとすれば、そしてユダヤ人に彼自身の宗教を伝えたとすれば、それはイクナートンの宗教、すなわちアトン神の宗教だったに違いない。

わたしたちはすでにユダヤの宗教とエジプトの民族宗教を比較して、この二つの宗教はきわめて対照的なものであることを確認した。次に必要となるのはユダヤ人の宗教とアトン神の宗教を比較する作業であるが、この比較によってこれらの二つの宗教が根本的に同じものであることが示されるものと期待してよいだろう。

この比較が決してたやすいものではないことは、わたしたちも十分承知している。アモン神の司祭たちの激しい復讐心［と破壊作業］のために、わたしたちがアトン教について知りうることは、ごくわずかなものに限られることはたしかである。またモーセの宗教については、わたしたちはその最終形態しか知らない。この宗教は周知のように、［出エジプトの］流浪が終わってから八百年の後に、ユダヤ人祭司たちによって確定されたのである。このように材料は不足しているものの、わたしたちの推測に好ましい特徴がみいだされるとすれば、それは貴重なものと評価できよう。

モーセの宗教がアトン教にほかならなかったというわたしたちの主張を証明する近道があるとすれば、それは信仰告白や宣言文の内容を調べることであろう。しかしこのような近道を辿ることはできないことが指摘されるのではないかと、懸念されるのである。というのもユダヤ教の信仰告白は周知のように、Schema Jisroel Adonai Elohenu Adonai Echod と語られる。エジプト語のアトン（またはアトゥム）という名前が、ヘブライ語のアドナイやシリアの神の名前のアドニスと似た響きをもっているのはたんなる偶然ではなくて、時代を超えて言語と意味が共有されたためであるとすれば、このユダヤ教の言葉はほぼ次のように翻訳できるだろう。「聞け、イスラエルよ。わが神アトン（アドナイ）は唯一の神である」。

わたしには残念ながらこの問題に回答を示すだけの能力が備わっていないし、この問題についての文献を調べてもごくわずかなことしか明らかにならなかった。[*14] この問題は軽々しく取り扱うべきものではないだろうし、神の名前についてはやがてふたたび検討しなければならないだろう。

モーセの宗教とアトン教の違い

モーセの宗教とアトン教の類似点については、相違点と同じくすぐに確認することができるが、それで問題が解明されるわけではない。どちらの宗教も厳格な一神教であり、二つの宗教の一致する要素としてこの根本的な特徴をあげたくなるものである。ただしユダヤの一神教の教義は、エジプトの一神教の教義よりもはるかに厳格なものであって、そのことは神を造形的に表現すること一般について、ユダヤ教ではるかに厳しく禁止していることにも示されている。

神の名前の違いを別とすると、この二つの宗教のもっとも本質的な違いは、ユダヤ教においては太陽崇拝がまったく認められないのに対して、エジプトの一神教はまだ太陽崇拝に依存していることにある。ユダヤ教をエジプトの民族宗教と比較した場合に注目されるのは、この二つの宗教の原理的な対立のほかに、エジプトの民族宗教とユダヤ教の相違が意図的な対立として表れているような印象を受けることである。この比較においてユダヤ教の代わりにアトン教を考えてみると、この印象は正しいものであったと考えられるだろう。というのもすでに確認したように、イクナートンがエジプトの民族宗教に対する意図的な敵愾心のうちで発展させたのが、まさにこのアトン教だったからである。

わたしたちはユダヤ教が彼岸についても人間の死後の生命についても何も語ろうとしないことは不思議だと感じていたものだが、それには根拠があったのである。というのもこのような彼岸や死後の生命についての教えは、厳格な一神教の教えと両立するはずのものなのである。しかしユダヤ教からアトン教に遡って考えると、アトン教はエジプトの民族宗教の彼岸と死後の生命についての教えを拒絶する態度をとっていたのであり、それがユダヤ教に伝えられたと考えるならば、そのことは少しも不思議なものではなくなるのである。

すなわちイクナートンにとっては、エジプトの民族宗教を支配していた死の神オシリスは、この世のいかなる神よりも大きな役割を果たしているようにみえたのである。それだけに、その民俗宗教との闘争の際に、彼岸と死後の生命についての教えを拒絶することが、何よりも必要だったわけである。そしてこのような重要な点においてユダヤ教とアトン教が一致しているという事実は、わたしたちの主張を支える最初の重要な論拠となるものである。しかもこれから明らかになるように、これが唯一の論拠ではない。

割礼の問題

モーセがユダヤ人にもたらしたのは新しい宗教だけではない。モーセが割礼という風習をユダヤ人にもたらしたのは確実である。そしてこの事実はわたしたちの問題に重要な意味を持つのに、これまで正当に評価されてこなかったのである。これについて聖書はさまざまな矛盾したことを語っている。一方では聖書はこの割礼を神とアブラハムとの契約の印として、太祖の時代にまで遡らせている。他方ではかなり理解しがたい記述において、モーセがこの割礼という聖なるしきたりを無視したために、神が怒ってモーセを殺そうとしたが、ミディアンの女であった妻が、「息子に」手早く割礼を施して、殺されようとしていた夫のモーセを神の怒りから救ったとも伝えられている(1)。

ただしこの記述はつじつま合わせであって、これを信じてはならない。わたしたちはこのつじつま合わせの動機についていずれ明らかにすることにしよう。しかし割礼という風習がどこからユダヤ人に来たのかについては、それはエジプトから伝えられたという答えしかないのは明らかである。「歴史の父」と呼ばれるヘロドトスは、エジプトにおいては太古から割礼という風習が根づいていたことを伝えている。ヘロドトスの報告は、ミイラを調査した結果によっても、墓穴の壁画によっても、確認されている。

そしてわたしたちの知る限りでは東地中海沿岸のどの民族にも、この割礼という風習はみられないのである。セム人、バビロニア人、シュメール人が割礼をおこなっていなかったのは確実とされている。カナンの住民たちにこの風習がなかったことは、聖書の物語が伝えている。カナンの住民たちが割礼を受けていなかったことが、シケムの首長の息子とヤコブの娘の物語の結末を生んだのである。*15(2)

ユダヤ人がエジプトに滞在している間に、モーセによる宗教の創設とは別の道筋で、割礼を受け入れたという可能性は、いささかの根拠もないものとして退けなければならない。このようにわたしたちは、エジプトでは割礼という風習が広範な民族的な習慣であったことを確認しておいて、モーセがユダヤ人であったという通常の考え方をさしあたり受け入れてみよう。するとどのようになるだろうか。

モーセは同胞のユダヤ人たちをエジプトにおける強制労働から解放して国外に連れ出して、自信に満ちた独立した国民に育てようとしたのであり、この意図はたしかに実現されたのだった。そうしてみるとモーセがユダヤ人たちに、同時に苦痛に満ちた風習である割礼を強制することに、いったいどんな意味があるというのだろうか。割礼を施すことによってユダヤ人はある意味ではエジプト人になってしまうのであり、割礼こそがユダヤ人にエジプトの記憶を絶えず呼び起こさずにいられないものではなかっただろうか。

そもそもモーセが目指したのは、ユダヤの民が奴隷として生きていたエジプトと縁を切って、「エジプトの肉鍋」［という豊かな生活］への憧れを克服させるというまったく正反対の目的ではなかっただろうか(3)。だからそのようなことはありえないのであって、わたしたちが出発した事実と、ここでつけ足した仮説がこれほど矛盾したものであるからには、勇気を出して一つの結論を下さなければならないだろう。すなわちモーセがユダヤ人に新しい宗教をもたらしただけではなく、割礼という掟も与えたのだとするならば、モーセは決してユダヤ人ではありえず、エジプト人でなければならない。そしてモーセの宗教はエジプトの宗教であり、しかもエジプトの民族宗教と対立することにおいて、後のユダヤ教といくつかの注目すべき共通点のあるアトン教であったに違いないのである。

新たな謎

ところでモーセがユダヤ人ではなくエジプト人であったと考えるわたしたちの推定によって新たな謎が生まれることを、わたしたちは確認しておいた。モーセがユダヤ人であったならば理解しやすいと思われる行動も、エジプト人であったと考えるならば不可解なものとなってしまうのである。しかしモーセがイクナートンの時代の人物であると想定して、このファラオとのつながりの中で考察するならば、この謎は消滅する。そしてそこに、わたしたちのすべての疑問を解明するような行動の動機づけがありうることが分かるのである。

ここでモーセがエジプトの高貴な身分の政府高官であって、ひょっとすると伝説が語るように、実際に王家の一族であったと想定してみよう。モーセは自分の持つ偉大な能力を自覚しており、野心に満ちた行動的な人物であった。あるいはいずれは民衆を指導して王国を支配するようになりたいと考えていたのかもしれない。ファラオの側近であったモーセは、新しい宗教を心から信奉していて、その根本思想を自らのものとしていた。しかし国王が死去し、反動勢力が勢いを取り戻すとともに、モーセの希望と将来への展望もすべて崩壊してしまったのであった。モーセは、自分のかけがえのない信念を捨て去ることができないと思っていただけに、もはやエジプトには何も期待することができなくなった。いわば彼は祖国を失ったのである。この危機的な状況においてモーセは、異例な解決策を発見した。

夢想家であったイクナートンは、自国の民にとっては異質な人物になり、その世界帝国を崩壊させてしまった。しかしモーセの活発な性格は、新たな国の礎をすえ、新たな民族をみいだして、エジプトから排除されてしまった宗教を、この新たな民族に信じさせようとする計画にはふさわしいものであった。

モーセのこの試みが、イクナートンが挫折したためにモーセも失ってしまったものを、運命と戦いながら二つの方向において奪い返そうとする英雄的な試みだったのは明らかであろう。あるいはモーセはその当時、おそらくヒクソスが侵入してくるまでセム人の諸部族が定住していた国境地帯（ゴシェン）(4)の統治者であったのかもしれない。そしてモーセはこれらの諸部族を新たな民族として選んだのである。これは世界史的な決断であった。*16

モーセは彼らと協定を結び、「強い手によって」(5)彼らの先頭に立ってエジプトからの移住のための配慮をおこなった。聖書の伝えるところとはまったく矛盾するものの、この脱出の旅は平和のうちに、エジプト人による追撃なしに完遂されたと考えるべきだろう。モーセの権威によってそれは可能だったのであり、当時は彼の試みを妨げることのできる中央権力は存在していなかったからである。

このように歴史を再構成してみれば、エジプトからの脱出は紀元前一三五八年から一三五〇年の間に、すなわちイクナートンが死んでからホルエムハブ将軍が国家の権威を再建するまでの間におこなわれたと考えられる。[*17] エジプトを脱出したユダヤの民が向かうべき土地は、カナン以外ではありえなかった。カナンの土地は、エジプトの統治が崩壊した後に好戦的なアラム人の軍隊が侵入し、支配して略奪するままになっていたのであり、有力な民族が新しい土地を手に入れることができる場所とされていたのである。

このアラム人の戦士については、廃墟となったテル・エル・アマルナの町の文書庫で一八八七年に発見された書簡が伝えている。この書簡ではアラム人の戦士たちはハビルと書かれているが、この名前がやがて侵入してきたユダヤ人の名前として、ヘブライという名前に変わった経緯は不明である。このヘブライという名前は、それより前に書かれたこれらのアマルナ書簡には現れるはずがないものである。いずれにしてもパレスチナの南にあるこのカナンの土地には、エジプトから脱出してきたユダヤの民と近親関係にある部族も住んでいたのである。

わたしたちが、ユダヤ人がエジプトから脱出するすべての動機として推定したことは、割礼の風習を採用した動機にも当てはまる。民族全体としても個人としても、きわめて古い時代から続いてきたこの不可解な風習に、当時の人々がどのような態度を取ってきたかは、よく知られている。この風習を持たない人々には、割礼はひどく不愉快なもの、そして奇妙なものに感じられる。ところが割礼を受け入れている人々には、これは誇らしいものである。割礼を受けることによって、自分が高められ、優れた存在になったと感じるのであり、これを受けていない人々を、軽蔑すべき不純な人々として見下すようになるのである。今でもトルコ人はキリスト教徒を「割礼されていない犬」と嘲るほどである。

モーセ自身がエジプト人として割礼を受けていて、このような態度を取っていたと考えることができるだろう。モーセにとって、彼が祖国を去る際に連れだしてきたユダヤ人たちは、祖国に残してきたエジプト人たちよりも優れた人々でなければならず、いかなる意味でもエジプト人に遅れをとってはならなかった。モーセはユダヤ人のうちから「聖別された民」を作りだそうとしたのであり、これは聖書にも明記されている通りである。そしてこのような聖別のしるしとしてモーセは、ユダヤ人にこの割礼を施す掟を与えたのである。

この割礼によってユダヤ人は少なくともエジプト人と同格の存在になった。そしてユダヤ人がこのしるしによって他の民族から隔絶した存在となり、さらに移住によって他の民族と混じり合うことを妨げることができれば、モーセにとってはきわめて望ましいことだったろう。実際にエジプト人はこの割礼によって、他のあらゆる異民族との間に距離を作りだしていたのである。[*18]

ところがユダヤの伝承は後には、わたしたちがこれまで展開してきた推論などは疎ましいものであるかのように、違ったふるまいを示すのだった。割礼がモーセの導入したエジプトの風習であったことを認めるならば、モーセがユダヤ人たちに与えた宗教も、エジプトの宗教であったことを認めることになってしまうだろう。しかしモーセが与えた宗教がエジプトの宗教であったことを否認すべき根拠はいくつもあった。そこで割礼もまた、エジプトの風習であったことを否認しなければならなくなったというわけである。

四

批判的な注釈

ここでわたしはこれまでわたしが述べてきたことに、非難の言葉が向けられるのではないかと思う。わたしはこれまでモーセというエジプト人をイクナートンの時代に生きた人間とみなし、彼がユダヤ民族の指導者になるという決意を固めた由来を、当時のエジプト国内の政治状況から導きだしてきた。そしてモーセが、彼に従うユダヤの民に授けた（あるいは強制した）宗教は、エジプト国内において崩壊してしまったアトン教であったという推理を組み立ててきたわけである。この推理の組み立ては憶測に基づいたものであり、資料によって根拠づけることもなく、あまりに大胆に推理していると非難されるかもしれない。

しかしわたしはこうした非難は正当ではないと考えている。わたしは序文においてすでに、疑念を持たれる可能性のある要素について強調しておいたし、それをいわば括弧に入れておいたのであるから、疑問のある事柄について述べるたびに、括弧に入れつづけるような面倒な手間は省いてもよいだろう。

しかしわたし自身が、ここで自分の見解に批判的な注釈を述べるのは差し支えないことだろう。ユダヤの一神教が、エジプトの歴史において一神教が登場した時代の信仰に基づいて生まれたのであるという主張の核心部分については、すでにさまざまな研究者たちが漠然とではあるが予感し、示唆してきた。ただしこうした研究者のうちで、この影響力がどのような形でユダヤ教に作用しえたかを論じている人はいないので、ここではこうした研究者の示唆について述べるのは省略することにしよう。

わたしたちにとってはこの影響力はモーセという人物と切り離すことができないと思われるのであるが、わたしたちがここで自らの推測に好都合なものと考えた事情とはもっと別な事情もありうるだろう。アトン教が公的に崩壊したからといって、エジプトにおける一神教の流れが完全に消滅したと考える必要はないのである。この一神教の流れの源泉はオン（ヘリオポリス）の祭司の学校にあったと考えられるが、アトン教が崩壊した後にも、こうした祭司の学校が生き延びて、イクナートンの後の数世代もの人々を一神教の思考方法へと引きつけていたことも考えられる。その場合にはモーセがイクナートンと同時代の人物ではなくても、そしてイクナートンから直接に人格的な影響を受けていなかったとしても、さらにモーセがたんにオンの祭司の学校の一員であったか、その信奉者であったと想定しただけでも、モーセがおこなったことは、十分に理解できるものとなる。

この可能性を採用するならば、モーセとユダヤの民がエジプトを脱出した時期はさらに遅くてもよくなり、一般に認められている紀元前一三世紀という時代に近づけることができるようになるだろう。ただしこの可能性については、これを支持する材料がほかにはまったく存在しないという問題がある。このように時代をずらしてしまうと、モーセを行動に移らせた動機を洞察することができなくなり、エジプト国内を支配していた無政府状態によって、エジプトからの脱出が容易になったと考えることもできなくなる。第十九王朝の王たちの統治は強力なものだった。エジプトから脱出するのを容易にする外的な条件と内的な条件のすべては、異端の王が死去した直後の時期だけに整っているのである。

異伝

ユダヤには聖書以外にも多数の豊富な文献が残されており、そのうちには最初の指導者であり、ユダヤ教の教祖であったモーセというこの偉大な人物像をめぐって、その後の数世紀のうちに作り出されたさまざまな伝説や神話が含まれている。こうした伝説や神話には、モーセの姿を明瞭なものとするものもあれば、曖昧なものとしてしまうものもある。あるいはこうした資料に、モーセ五書にはみいだすことのできない良質な伝承の断片が散りばめられているかもしれない。

ある伝説では、モーセという人物が子供の頃から強い勇気を持っていたことを、印象深い形で語り伝えている。たとえばある日のこと、ファラオがこの子供を腕に抱き、あやしながら高く持ち上げると、その頃に三歳だったこの男の子が、ファラオの頭から王冠を奪い取って、それを自分の頭に載せてしまったという。ファラオはこの前兆に愕然として、側近の賢者たちにこれについて急いで問いただしたという。*19

別の資料ではモーセがエジプトの将軍としてエチオピアに遠征した際に、輝かしい戦果をあげたことを伝えているが⑹、この伝承ではさらにモーセがファラオあるいは王宮内の一派の嫉妬を恐れて、エジプトから逃げ出したともつけ加えている⑺。

モーセの個人的な特徴

聖書そのものにおいてモーセを描写したところでも、モーセの個人的な特徴が示されているが、これは信頼してもよいだろう。聖書の記述によるとモーセは短気で怒りっぽい人物だったという。たとえばユダヤ人の労働者を手荒く扱ったエジプトの監視人を憤慨して殴り殺してしまっている。あるいは神の山から降りてきた時に、ユダヤの民の背信的な行為を目撃して激怒し、山から持ってきた掟の刻まれた石板を打ち砕いてしまっている。それどころか最後には神ですら、モーセが短気のあまり犯した行為を罰しているほどである（ただしこの行為がどのようなものであったかは、述べられていない）。こうした問題の多いモーセの性格は、モーセを賛美するという目的には役立たないのであるから、歴史的な事実と考えることができるだろう。

またユダヤ人の初期の神観念のうちには、熱狂的であるとか、厳格であるとか、苛酷であるなどの性格が神に与えられているが、これはもともとはモーセという人物についての記憶から生まれたものであるという可能性も否定できない。というのはユダヤの民を実際にエジプトから連れだしたのは、目に見えない神ではなく、モーセという人物だったからである。

モーセについて述べられている別の特徴もわたしたちにはとくに関心の深いものである。それはモーセが「口下手」だったというのである。モーセは話し下手で、言い間違いも多かったために、ファラオと談判する際に、兄弟とされるアロンが立ち会う必要があったとされている。これは歴史的な真実かもしれないし、そうだとするとこの偉大な人物の相貌を生き生きとしたものにする好ましい特徴となっている。

しかし考えてみればこれにはもっと別の大きな意味があるかもしれない。モーセがユダヤ人とは異なる言語を話していて、モーセに従ったセム系のネオ・エジプト人とは、少なくとも初期の頃は通訳なしでは意志を伝達できなかった事実を、いくらか歪曲して語っているのかもしれないのである。そうだとするとこれは、モーセはエジプト人だったというわたしたちの主張する仮説を裏づけるものとなる。

聖書の伝承とモーセ

いずれにしてもわたしたちの研究は一応の結論に到達したと思われる。モーセがエジプト人であったという仮説が証明されたかどうかは別として、わたしたちはこの仮説からもはやこれ以上の推論をつづけることができない。モーセとエジプト脱出について語る聖書の記事が、遠い昔から伝えられる伝承を自らの目的のために改作した敬虔な物語であることを否認するような歴史家は一人もいないだろう。わたしたちにはこの伝承が最初はどのようなものであったかを知る手段はない。歪曲する意図がどのようなものであったかを推測したくても、歴史的な経過がわからないために、それは闇に包まれているのである。

わたしたちが再構成した筋書きには、神がエジプトにもたらした十の災いとか、紅海の横断とか、シナイ山における厳粛な掟の授与など、聖書で物語られる多くの重要な場面の入る余地がないが、だからといって困惑すべきでもあるまい。ただしわたしたちの推論が、現在の公平な歴史学の研究結果と矛盾するものであった場合には、それを無視することはできない。

E・マイヤーを代表とする最近の歴史家たちは、[20] 重要な問題については聖書の記録に従っている。さらに歴史家たちは、やがてイスラエルの民を生むことになるユダヤの古い民族が、ある時点で新しい宗教を受け入れたことも認めている。ただしこの新しい宗教の受容は、エジプトで起きたことではなく、またシナイ半島のある山の麓で起きたことでもなく、メリバ・カデシュと呼ばれる場所で起きたとされている。

この場所はパレスチナの南、シナイ半島の東端とアラビアの西端のあいだに位置する泉と井戸の豊富なオアシス地帯だったとされている。ユダヤの民はそこでヤハウェ神の信仰を受け入れたのである。この信仰はおそらく、近隣のミディアン人、すなわちアラブの部族から伝えられたものと考えられている。さらに近隣の他の部族もヤハウェ神を信仰していたと推定されている。

ヤハウェが火の神であったことは間違いない。よく知られているように現在のエジプトには火山は存在しないし、シナイ半島の山々で火山活動があったことも知られていない。これに対してアラビアの西海岸沿いには、かなり後年まで活動していた可能性のある火山群が存在する。ヤハウェの居所[*21]と考えられていたシナイ・ホレブはこれらの火山群のうちの一つの火山だったに違いあるまい。聖書にはさまざまな歪曲が加えられているものの、E・マイヤーによると、この神の根源的な性格像を再構成することができるという。この神は、太陽を嫌って夜中にあたりをうろつく不気味な血に飢えたデーモンだったのである[*22]。

この宗教が創設されるにあたって、神と民衆の間を仲介したのがモーセと呼ばれる人物だった。このモーセはミディアン人の祭司エトロの娘婿で[(8)]、神からその使命を授けられる前には、この地域で家畜の群れの番人をしていた。このモーセという人物はまたカデシュにおいて、祭司エトロの訪問を受けて、さまざまな事柄について助言を与えられている。

マイヤーの描くモーセ像

E・マイヤーは、「ユダヤ人がエジプトに滞在したという物語や、エジプト人に破滅的な事態が訪れたという物語には、歴史的に核心的な事実が含まれていることについて、わたしには疑問の余地はない」と述べているが、[*23] 自分で認めたそのような事実をどのように位置づけるべきかも、どのように利用すべきかも、分かっていなかったのは明らかである。ただしマイヤーも割礼の習慣だけはエジプトから伝えられたものであることを認めている。

ところでマイヤーは、すでに述べてきたわたしたちの仮説を裏づける二つの重要な指摘をしている。その第一は、ヨシュアが「エジプトでの恥辱を取り除く」（「ヨシュア記」第五章九節）ためにユダヤ民族に割礼を要求したことである。また第二は、ヘロドトスからの引用に基づいて、パレスチナのフェニキア人（これはおそらくユダヤ人のことであろう）とシリア人たちが、割礼の風習をエジプト人から学んだことを自ら認めていたという指摘である。[*24]

しかしマイヤーはエジプト人としてのモーセにはほとんど関心を示していない。「わたしたちの知っているモーセは、カデシュの祭司の祖先であって、祭祀につながりを持つ系譜学的な伝説のうちに描かれた一人の人物像に過ぎず、歴史的に実在する人物ではない。だからこそあらゆる伝承をすべて歴史的な真実とみなすような人は論外としても、モーセを歴史的な人物とみなして研究した人のうちには、モーセという人物に何らかの内容を与えて、一人の具体的な個人として示すことができた人は一人もいない。どのような歴史家もモーセが創造したものを提示することも、モーセの歴史的な業績がどのようなものであったかを示すこともできないのである」[*25]と述べている。

ところがマイヤーはモーセがカデシュとミディアンとに結びついていたことを、飽きもせず強調している。そして「モーセという人物像はミディアンならびに砂漠の祭祀場と密接に結びついている」[*26]とか、「このモーセという人物像はカデシュ（マッサとメリバ）と分かちがたく結びついており、ミディアンの祭司との姻戚関係がこの事実を補足している。これに対してエジプトからの脱出や、幼少期の物語との結びつきは付随的なものにすぎず、さまざまな伝説物語の中にモーセの物語を組み込んだために生まれたものにすぎない」[*27]と語っている。

またマイヤーはモーセの幼少時代の物語に含まれている動機が、後には完全に顧みられなくなったことを指摘している。「ミディアンのモーセはエジプト人でもファラオの孫でもない。ヤハウェから啓示を受けた一人の羊飼いにすぎない。モーセの幼少の頃の物語は十の災いの物語のうちでたやすく効果的に利用できたはずであるが、これについてはまったく語られていないし、イスラエルの男の子を皆殺しにせよという命令も、完全に忘れ去られている。エジプトからの脱出とエジプト人の災厄についても、このモーセは何の役割も果たしておらず、名前すらあげられていない。幼少期の伝説の基礎となるような英雄的な性格は、後年のモーセにはまったくみられない。後年のモーセは敬虔な人物であるにすぎず、ヤハウェから超自然的な力を与えられて奇跡をおこなう人にすぎない[*28]」。

このカデシュとミディアンのモーセは、伝承においては、青銅の蛇を直立させて守護神にした人物であると語られているのであり、ユダヤの民に一つの宗教を与え、その宗教においてはあらゆる魔法や呪術を過酷なまでに禁止した偉大なエジプトの王族の一人であるわたしたちのモーセとは、まったく別の人物であるという印象を否定することはできない。わたしたちのエジプト人モーセとミディアンのモーセとの違いの大きさは、普遍的な神であるアトンと、神の山に棲むデーモンとしてのヤハウェとの違いの大きさに匹敵するものであろう。そしてこの最近の歴史家の報告にいくらかでも信頼を置くとするならば、モーセがエジプト人であったという想定からわたしたちが紡ぎ出そうとしてきた糸が、ここでふたたび途切れてしまうことを認めなければならない。そして今ではこの断ち切られた糸を、ふたたび結び合わせる希望は失われてしまったかのようである。

五

ゼリンの発見

ところがここで、思いがけないところに抜け道が見つかる。E・マイヤーの後でもH・グレスマンなどにみられるように、モーセをたんなるカデシュの司祭にすぎない人物とみなすのではなく、伝承によって語られているような偉大な人物であることを確証しようとする試みはやまなかった。一九二二年にE・ゼリンは、わたしたちの立てた問題に決定的な影響を及ぼす発見をしたのだった。*29 ゼリンは預言者ホセア（紀元前八世紀後半）の言葉のうちに、宗教を創設したモーセが、反抗的で頑なな民の反乱によって暴力的に殺されたことを示す明らかな伝承のしるしを発見したのである。この殺害とともに、モーセのもたらした宗教も捨て去られたという。ただしこの伝承はホセアの言葉だけに見られるものではなく、他の多くの後代の預言者の言葉のうちにもくり返し現れる。ゼリンによるとその後に救世主メシアを待望する気持ちが生まれるための土台となったのは、まさにこの伝承だったという。

バビロンの捕囚が終わる頃にユダヤ民族のうちに、一つの希望が育っていた。それはあまりにも屈辱的な形で殺された者が死者のうちから蘇って、悔い改めた民とおそらくその他のすべての人々を、永久の至福の王国に導いてくれるに違いないという希望である。殺害されたモーセのこの運命は、後世に現れたもう一人の宗教創設者「イエス」の運命と明らかに関連があるが、この問題はここで述べるテーマと関わりはない。

もちろんわたしには、ゼリンが預言者の言葉を正しく解釈しているかどうかを判断することはできない。しかしゼリンの解釈が正しいものとすれば、彼が発見した伝承は歴史的にみて信じる価値のあるものと評価できよう。このような話は捏造するのが難しいからである。たしかにその時点にあってはその動機を理解しがたい話であるかもしれないが、現実にこのようなことが起きたのである。だから人々はこの事実を忘れようとしたに違いない。わたしたちは伝承のすべての細部にいたるまで受け入れる

必要はない。ゼリンは、モーセの殺害がおこなわれた舞台はヨルダン東部のシティム
だったと考えている。しかしわたしたちの思索にとっては、モーセがこのような場所
で殺されたとは考えられないことは、すぐに明らかになるだろう。

ゼリンから受け入れるものと受け入れないもの

わたしたちはゼリンから、エジプト人のモーセがユダヤ人によって殺され、モーセ
によって伝えられた宗教が捨て去られたという考えを受け入れる。この考えは歴史学
的な研究のもたらした信頼に足る成果と矛盾するものではないし、ひとたび断ち切ら
れたように思われた糸をふたたび結び合わせることができるからである。
しかしその他の点については、わたしたちはこの研究者から離れて独自に「我が道
を行く」ことにしたい。エジプトからの脱出は相変わらずわたしたちの研究の出発点
となっている。モーセとともにエジプトから脱出した人々の数はかなり多かったはず
である。その人数が少なかったならば、偉大なことを目指すモーセのような野心に満
ちた人物にとっては、やりがいのないことだったろう。エジプトに移住したユダヤ人
はそこで長い期間にわたって生活していたために、ユダヤ民族の人口はかなり大きく

なっていただろうと考えることができる。

ただし多くの研究者が想定しているように、エジプトでの生活を経験したユダヤ人たちは、後のユダヤ民族を形成する人々のごく一部を占めるにすぎないとするのが適切であろう。言い換えるならば、エジプトから脱出してきたユダヤ人たちは、エジプトとカナンの間にある特定の地域において、そこに昔から定住していた近親の部族と後に一体化したものと考えられる。そしてこの一体化によってイスラエル民族が誕生したのである。この一体化を表現するのが、すべての部族が一つの新しい宗教、すなわちヤハウェの宗教を受け入れたという事実である。

マイヤーによると、この新しい宗教が受け入れられたのは、カデシュにおいてであり、その際にミディアン人が影響を及ぼしたものと思われる。その後にこの民族は自分たちに十分な力がそなわったと自覚し、カナンの地に侵入したのである。このように考えるならば東ヨルダンでモーセが殺され、彼の宗教が忘れ去られたと考えることはできなくなる。モーセが殺されたのは、この民族の一体化が起こるよりもはるか前のことでなければならない。

ユダヤの国家の成立

ユダヤの民族が形成されるにあたっては、きわめて多くの要因が働いたのは確かであろうが、ユダヤ民族に含まれるさまざまな部族の間の違いを作り出したのが、かつてエジプトに滞在していて、そこから脱出した経験があるかどうかだったのは間違いのないことであろう。この観点から考えると、ユダヤの国家は二つの構成要素が総合されることによって誕生したとみなすことができるだろう。そしてこのことを考えると短い期間の後に、この国家がふたたび二つの政治単位、すなわち［北の］イスラエル王国と［南の］ユダ王国に分離したという事実も、わかりやすいものとなる。歴史にはこのように、後の時代になっておこなわれた融合が取り消されて、それ以前の分離がふたたび姿を現すような復元の作用が働くことが多いものである。

このような復元の働きのもっとも印象深い実例としては、周知のように宗教改革のもたらした事態をあげることができる。宗教改革によって、かつてローマに属していたゲルマニア地域と、独立を維持しつづけていた［北方の］ゲルマニア地域の間の境界線が、千年以上の時の流れを隔てて、ふたたび出現することになったのである。

ユダヤ民族の場合には、このようにかつての状態がそのまま再現したことを証明することはできないだろう。というのも北王国には昔からの定住者が集まり、南王国にはエジプトから帰還した民が集まったという主張を確認するには、この時代についてのわたしたちの知識があまりにも不確かなものだからである。

しかし後に南と北の王国に分離したことを考えるならば、それ以前にこの二つの王国が融合していたことを想定せざるをえないのである。かつてエジプトに滞在したことのあるユダヤの民は、数においてはその他の部族よりも少なかっただろう。しかしエジプトから帰還した民は文化的に、他の部族よりも進んでいた。そしてこれらの民は他の部族には存在していなかった伝承を伝えていたので、ユダヤ民族全体の発展を推進するために強い影響力を発揮したのである。

レビ人の謎

しかし伝承よりもわかりやすい別の事柄があるのではないか。ユダヤの太古の歴史をめぐる最大の謎の一つとして、レビ人《びと》がどこからやってきたのかという謎がある。レビ人はイスラエル十二部族の中の一つであり、レビを開祖とする部族とされているものの、いかなる伝承においても、この部族がもともとどこに住んでいたのかについても、征服したカナンの地のどの部分がレビ部族に割り当てられたかも、明言されていないのである。

レビ人は祭司というもっとも重要な地位を占めているにもかかわらず、普通の祭司とは区別されている。レビ人であるからといって必ず祭司になるというわけではない。だからレビという名前は、一つの職業階級の名前ではないのである。

ところがこの謎を解くためには、モーセという人物についてわたしたちがすでに述べた説明が役立つのである。そもそもエジプト人であったモーセのように身分の高い人物が、単身で他の異民族のもとを訪れるというのは、考えられないことである。モーセは必ず従者として、側近の信奉者や自分の書記や召使いなどを伴っていたはずである。そしてこれらの人々がもともとのレビ人だったのである。伝承はモーセその人がレビ人であったと語っているが、これは事実の意図的な歪曲であると思われる。レビ人はモーセ配下の人々の集まりだったのである。このことは、後年になってもレビ人たちの間だけにエジプト語の名前が現れるという、わたしのすでに発表した論文で述べておいたテーマによっても裏づけられる。[*30]

モーセの配下にあったこれらの人々のうちのかなりの数の人々が、モーセの殺戮とモーセの宗教創設の営みのこうむった災いから逃れることができたと考えられる。そして数世代のうちにこれらの人々の数は増えて行き、ともに住んでいたユダヤ民族そのものと融合したのであった。しかしそれでも彼らはかつての主人のモーセに忠実でありつづけ、モーセ追憶の気持ちを抱き、モーセの教えを伝承として伝えたのである。すでに述べたヤハウェの宗教と一体化した頃に、これらのレビ人たちは文化的に他の部族よりも進んだ影響力のある少数派を構成していたのである。

新しい宗教の誕生

わたしはとりあえずの仮説として、モーセが殺されてからカデシュで新しい宗教が創設されるまでにはおそらく二世代、あるいはむしろ一世紀近くの時間が経過したと考えておきたい。区別しやすいようにエジプトから帰還したユダヤの民をネオ・エジプト人と名づけておこう。このネオ・エジプト人がヤハウェの教えを受け入れてから近親のユダヤ民族と融合したのか、それともユダヤ民族と融合した後にこの新しい宗教を受け入れたのかを決定することは、わたしにはできない。ネオ・エジプト人が他のユダヤ民族と融合した後にヤハウェの教えを受け入れたと考えるのが正しいのかもしれない。しかし結果的には、どちらも同じようなものである。カデシュの地において、ある種の妥協がおこなわれたわけであるが、この妥協にモーセの民であるレビ人が関与したのは、間違いのないところであろう。

ここでも割礼という証拠を持ちだすことができるだろう。わたしたちにとって割礼は、いわば導きの糸となる考古学的な化石のようなものであって、考察において何度も重要な役割を果たしてきたのである。この慣習はヤハウェの宗教においても掟として受け入れられた。そして割礼はエジプトと分かちがたく結びついているのだから、この慣習を受け入れたということは、モーセの民に譲歩したということにほかならない。

モーセの民は、あるいは彼らのうちのレビ人たちは、聖別のしるしとしての割礼を決して放棄しようとしなかった。モーセの民は割礼だけはかつて彼らが採用していた宗教において定められたままに、守り抜こうとしたのである。そしてその代わりとして、ヤハウェという新しい神を受け入れ、さらにミディアンの祭司たちがヤハウェという神について物語ったことを受け入れる用意があったのである。

聖書の原典

モーセの民はもっと別な妥協をしたのかもしれない。ユダヤの儀礼の書物では、神の名前について特別な制限を定めた規定を採用していることはすでに述べた通りである。儀式においてはヤハウェという名前を口にしてはならず、アドナイと呼ばなければならないのだった。わたしたちが自分たちの議論にこの規定を持ち込むのは、ごく自然な成り行きであろうが、これは明確な根拠のない憶測にすぎないものである。神の名前をみだりに口にしてはならないというのは、太古のタブーであるのはよく知られているとおりである。しかしこのタブーがなぜユダヤの立法作業の際に、ふたたび考慮に入れられるようになったのかはよく理解できない。このタブーが復活したのは新しい要因の影響によるものだったとも考えられる。

ただしこの禁止命令が一貫して守られたと考える必要はないだろう。たとえば神の名前にちなんだ人の名前をつける時に複合名を作成するという目的では、ヤハウェ神の名前は自由に使われたのである。そのことはヨカナーン、イェーフ、ヨシュアなどの名前をみればわかることである。しかしこの神の名前についてはやはり特殊な事情が存在していた。聖書の批判的な研究においては、モーセ五書と「ヨシュア記」に二つの原典資料の存在を想定しているのはよく知られている通りである。この二つの原典はそれぞれJ資料とE資料と呼ばれているが、これは最初のものが神の名前をヤハウェと呼んでいて、第二のものが神の名前をエロヒムと呼んでいることからつけられた名前である。たしかにエロヒムはアドナイと違う名前であるが、今日の研究者が「さまざまに異なる名前が使われているのは、根本的に異なる神々が存在していたことをはっきりと示すしるしである」[*31]と語っていることを忘れてはなるまい。すでに述べたようにわたしたちは、割礼が維持されたことが、カデシュにおいて新しい宗教が創設される際に妥協がおこなわれたことを示す証拠だと考えている。この妥協についてはJ資料とE資料の両方の記録が一致して語っていることであり、そのためJ資料とE資料には、文書にせよ口承の伝承にせよ、ひとつの共通の起源が存在することになる。この妥協がおこなわれたのは、新たな神ヤハウェの偉大さと力強さを示すためであった。

一方でモーセの民はエジプト脱出の経験にきわめて大きな価値を認めていたために、この民族解放の営みはヤハウェの恩恵によるものとしなければならなかった。そこでこの出来事にさまざまな粉飾を加えて、火の神ヤハウェの驚くべき偉大さを明らかにしようとしたのである。昼の煙の柱は夜には火の柱になり、嵐によって紅海の水はしばらくの間は干上がってしまい、エジプトから追ってきた軍隊は、やがて戻ってきた海水によって溺れて死んだことにされた。このような粉飾を加えるために、エジプトから脱出した時期と新たな宗教が創設された時期が近づけられ、その間に経過した長い時間が圧縮され、無視された。また掟を定める営みも、カデシュでおこなわれたのではなく、火山の噴火の兆しの見られる神の山の麓でおこなわれたことにされたのである。

二人のモーセ

ところがこのように記述したことは、モーセという人物に対する追憶を傷つけることになった。何よりも実際にユダヤの民をエジプトから連れだして解放したのは、火の神などではなく、モーセという一人の人物だったからである。そのためモーセには償いをしなければならないという負い目が生まれた。そこでモーセはカデシュあるいはシナイ・ホレブで宗教を創設したことにされ、ミディアンの祭司の地位につけられることになった。後に不可避なものとして現れる第二の意図もこの解決策によって満たされたのであるが、それについては後に述べることにする。

このような形でモーセに償いがおこなわれたために、ミディアンの山に住んでいたはずのヤハウェはエジプトにまで足を伸ばしたことになり、モーセが存在し、活躍したのはカデシュや東ヨルダンであることになってしまった。このようにしてモーセは後に登場する新たな宗教の創設者であるミディアン人のエトロの娘婿と融合してしまって、この人物にモーセという名前を貸し与えることになった。ただしこのもう一人のモーセ個人については、何も語るべきものがない。この人物はもともとのエジプト人モーセによって、すっかり影が薄くなってしまったからである。

このようにして、聖書の記録の中でモーセの性格描写に矛盾が生じていることも説明できるだろう。聖書の中ではモーセは一方では高圧的で、怒りっぽく、時には暴力的な人物と語られているが、他方ではあらゆる人の中でも、とりわけ温厚で忍耐強い人物であるとも描かれている。この第二の特徴が、彼に従う民とともに困難な偉業を成し遂げたエジプト人モーセにとっては、都合のよいものではないことは明らかであろう。おそらく第二の性格は、ミディアン人であった第二のモーセのものなのだろう。

だからこれらの二人のモーセを明確に区別して、エジプトのモーセはカデシュにいたことはなく、ヤハウェという神の名前など聞いたこともない人物であったと考えるべきであり、ミディアン人のモーセは、エジプトに足を踏み入れたこともなく、アトンという神についてはまったく知らなかったと考えるべきであると思われる。伝承と伝説を作る際には、エジプト人のモーセをミディアンに連れてきて、この二人の人物を融合させるという任務が課せられたのであり、これについてはさまざまな説明が一般におこなわれている。

六

聖書の歪曲

わたしたちはこれまでイスラエルの民の太古の歴史を再構成してきたが、その際にあまりに大胆で不適切な想定を確実なものとみなしているのではないかと、非難されるであろうと、承知している。こうした批判は、わたしたちの判断のうちですでに考慮に入れられているものであるから、ここでの議論にとって大きな打撃となるものではない。わたしたちが組み立てている仮説に弱点があることはよく承知しているが、しかしこの仮説には大きな強みもそなわっている。そして全体的にみると、これまでおこなってきた仮説の構築をさらにつづける作業は、おおいにやりがいのあるものであるという印象は強いのである。

今日わたしたちが手にしている聖書の記述には、貴重な歴史的な事実が述べられているのであり、その重要さはどれほど高く評価しても、評価したりないほどである。しかし同時に聖書の記述は強い意図をもって歪曲されていること、文学的な虚構によって粉飾されていることもまた、たしかなのである。

わたしたちはこれまでの研究の成果として、このような歪曲につながる流れの一つを発見することができた。そしてこの発見からは、新たな道が開かれている。わたしたちはこのような歪曲をおこなおうとする意図がどこにあるかを、さらに明らかにしてゆかねばならない。どのような意図によって歪曲がおこなわれたのかを認識する手がかりがえられれば、さまざまな歪曲の背後に隠れてしまっている真実の新たな断面に光をあてることができるだろう。

旧約聖書の最初の六書の成立

まずここでは批判的な聖書研究によって、旧約聖書の最初の六書の成立の歴史について解明されてきたところを確認しておきたい。わたしたちが関心を持っているのはモーセ五書と「ヨシュア記」という旧約聖書の最初の六書だけである。[*32]

最古の断片はＪ資料とされているが、この名前はヤハウェの司祭（ヤハウィスト）からつけられたものであり、最近の研究ではダビデ王と同時代に生きたエブヤタルという名前の祭司であると考えられている。[*33]その後しばらくして北王国に属するいわゆるエロヒムの祭司（エロヒスト）たちが現れるが、その時期は明確になっていない。[*34]そして紀元前七二二年に北王国が滅亡した後に、一人のユダヤ人の祭司がＪ資料とＥ資料をまとめて編纂し、それに自分の文章も書き加えたとみられている。この編集された文書はＪＥ資料と呼ばれている。紀元前七世紀に第五の書である「申命記」がつけ加えられたが、これはまとまった形で神殿の中で発見されたと伝えられている。紀元前五八六年にこの神殿が破壊された後の捕囚の期間を通じて、そして捕囚から帰還した後に、さらに書き直しがおこなわれ、これが「祭司資料」と呼ばれている。紀元前五世紀頃に最終的な編集がおこなわれたのであり、それ以後は本質的な改変は加えられていないとみられる。[*35]

ダヴィデ王とその時代の歴史記述は、ほぼ同時代の人によるものであることは確実である。これはまさしく歴史的な記述であって、「歴史の父」と呼ばれるヘロドトスを五百年近くも遡ることになる。わたしたちが想定したようにエジプトからの影響があったと考えるならば、このような業績が達成できた理由も理解できるようになる。[*36] 太古のイスラエル人のうちでモーセの書記たちが、アルファベットの発明に関与したのではないかという推測が示されているほどである。[*37] 太古の時代についての記録が、どこまで古い記録や口承伝説に依拠したものであるのか、また個々の出来事が発生してから、それが歴史認識として定着するまでに、どれほど長い時間が流れたのかについては、わたしたちは知ることはできない。しかしそうであっても、わたしたちがいま目にしている原典それ自体が、自らのたどってきた運命の多くを物語っているのもたしかである。

残されている原典には、二つの対立する取り扱い方が存在していたことを示す痕跡がある。一方では、秘められた意図のもとで原文に改竄や削除や拡大解釈が遠慮なくおこなわれて、原文の意味するところが逆になっている場合がある。他方では整合性が欠けても、意味が合わなくなっても、すでに述べられている事柄についての記述をそのまま保存しようとする敬虔な態度がはっきりとみられるところもある。このように原文のほとんどすべてのところで、明確な脱落や煩わしいまでの反復やあからさまな矛盾が残されているのであるが、これらは原文が伝えたくなかった事柄についてわたしたちにほのめかしてくれる兆候なのである。原典の歪曲は殺人に似たところがある。難しいのは人を殺すことではなく、犯行の痕跡を消すことなのである。

ここで「歪曲」という言葉に二重の意味を読み取ることができるだろう。現在ではこの言葉にはそのような二重の意味は使われていないが、そうした意味があったことは十分に考えられる。歪曲という言葉は一つにはその見かけを変えるという意味があるが、さらに他の場所に移すとか、他の所にずらすという意味も含めることができる。そのように考えるならば、歪曲された原文の多くの場所で、抑圧され、否認されたものがどこか別のところに、その見かけを変えながら、そして別の文脈のうちに移されながら隠されていると期待できるのである。ただしこれを発見するのは、いつも容易であるとはかぎらないだけである。

ヤハウェ信仰にまつわる歪曲

わたしたちはこれから、聖書の本文がどのような形で歪曲されたのか、その意図を探ろうとしているのであるが、こうした意図は文章での記録が作成される前に、すでに伝承に対しても影響力を発揮していたはずである。このような意図のうちでもおそらくもっとも強力なものについては、わたしたちはすでに確認している。カデシュで新しい神ヤハウェが作り出された際に、ヤハウェの栄光をたたえる必要性が生まれた。より適切に表現するならば、ヤハウェを自分たちの神として定めて、神のための居場所を作りだすと同時に、それ以前の宗教の痕跡を消し去らなければならなくなったのである。

この作業はそれ以前に定住していた部族の宗教については完璧におこなわれたようである。こうした宗教については、わたしたちには何も伝えられていない。ただしエジプトから帰還した部族たちにとっては、これはたやすいことではなかった。というのもこれらの部族にとってはエジプトから脱出した経験も、モーセという人間についての記憶も、割礼という習慣も、どれも容易に捨て去ることのできるものではなかったからである。これらの人々はかつてはエジプトに住んでいたのであるが、そこを捨てできたのであり、それ以降はエジプトの影響の痕跡をすべて抹消しなければならなくなったのである。

モーセという人間については、モーセをミディアンに連れてきてカデシュに住んでいたことにして、この宗教を創設したヤハウェの祭司と融合させることで、解決することができた。しかしエジプトに従属したことを示すしるしのうちで、もっとも重要な割礼という習慣は捨て去ることができなかった。そこでこの風習がエジプト由来のものであることは明らかであったにもかかわらず、これがエジプトとは関係のない風習であると強弁することを試みなければならなかったわけである。

しかし「出エジプト記」のうちのある謎めいた一節は、隠そうとしても隠すことのできないこの事実を隠蔽する試みに対する異論としてしか、理解できない。すなわちモーセが割礼を軽視したために、ある日ヤハウェがモーセに怒りを向け、そこでミディアン人であったモーセの妻が急いで手術をしたのでモーセの命は救われたと語られているのである。(9) この都合の悪い証拠をうまく解釈するための別の考え方について、いずれ検討することになろう。

割礼の問題

ヤハウェがユダヤ民族にとっては馴染みのない新しい神であったという事実を否定しようとする試みがおこなわれたのだろうが、これは新しい意図ではなく、むしろ以前からつづけられてきた意図が露わになったものと考えるべきであろう。こうした意図に基づいて民族の太祖であるアブラハム、イサク、ヤコブにまつわる伝説が取り入れられているからである。ヤハウェは自分がこれらの太祖の神であったと主張しているが、これらの太祖が実際には自らをヤハウェという名前で崇拝していなかったことは認めざるをえなかったのである。*38

それではこの神は太祖の時代にどのような名前で呼ばれていたのだろうか。これについてはヤハウェも明らかにしていない。そしてこのことから、割礼がエジプトに由来する習慣であるという事実に決定的な打撃を与えようとする動機が生まれたのである。すなわちヤハウェは割礼の掟をすでにアブラハムに要求していたのであり、割礼の習慣こそがアブラハムの子孫とヤハウェの契約のしるしとなることを求めたのだというのである。

しかしこれはいかにも拙《つたな》い作り話だった。ヤハウェがある人間を別の人間から区別して、他の人々よりも優遇しようとする場合には、他の人々には決してみいだすことのできないようなしるしを選ぶべきであろう。そのしるしは他の数百万人もの人々が身にそなえているものであってはならないだろう。

ここで一人のイスラエル人がエジプトに赴いたとしよう。するとそのイスラエル人は他のすべてのエジプト人を、契約における同胞として、ヤハウェとの間で契約を結んだ同胞として、認めなければならなくなってしまう。聖書の原典を作成したイスラエル人が、割礼はエジプトにおいて親しまれている土着の風習であることを知らなかったはずはないのである。E・マイヤーが指摘している「ヨシュア記」の箇所も、(10)この事実をあっさりと認めているのであるが、これはどうしても否認しなければならなかったはずのものである。

宗教的な神話が形成されるにあたっては、そこに論理的な一貫性が維持されるように配慮が加えられることを求めるべきではないだろう。論理的な一貫性という観点からみると、ヤハウェという神は、かつてイスラエルの太祖との間で、神と人間が相互に義務を果たすことを求める契約を結んでおきながら、数世紀もの間、それらの人間たちを放置しておいたのであり、この神が唐突に子孫たちの前に現れて、自らを啓示するというような振る舞いをすることは、民族感情に不快な傷を与えても当然と言わざるをえないだろう。

選ばれた民の謎

それよりも奇妙に思われるのは、神がある一つの民族を唐突に「選び出して」、その民族を自らの民族であると主張し、また自らをその民族の神であると言明するという振る舞いである。このようなことは人間の宗教の歴史においてかつて例のなかったことだと思う。普通は神と民族は分かちがたく結ばれていて、最初から一体のものとなっているものである。たしかにある民族が他の神を受け入れるということはあるかもしれない。しかしある神が他の民族を選び出したなどということは聞いたことがないのである。

このような前代未聞の出来事を理解するには、モーセとユダヤ民族の間の特別な関係を想起しなければならないだろう。モーセこそがユダヤの民族のうちに身を低くして、ユダヤの民族を自らの民族とした人物だったのである。モーセにとってこそユダヤ民族が「選ばれた民」だったのである。*39

ヤハウェをユダヤ民族の太祖たちと関連づけることは、別の意図にも適ったものだった。この太祖たちはカナンに住んでいたので、彼らについての記憶はカナンと結びついていた。おそらくこれらの太祖たちはカナンの英雄だったか地方神だったのであり、この土地に移住してきたイスラエル人が、それ以前の歴史を作り上げる際に、彼らを取り込んだのであろう。イスラエルの前史を飾るこれらの人物を引き合いにだすことによって、イスラエル人はいわばこの土地の土着の民であることを主張することになったので、他国からやって来て征服した民であることによって生まれる敵意を封じ込めることができたのである。自分たちの祖先が所有していた土地を、ヤハウェが返却してくれたというわけであり、これは実に巧妙な言い回しだった。

祭司資料における歪曲の意図

後に聖書の原文に加筆される際には、カデシュについての言及を避けようとする意図が一貫していた。宗教が創設された場所は最終的には神の山シナイ・ホレブとされた。それがどのような動機によるものであるかは不明である。おそらくミディアンからの影響を想起したくなかったのではないだろうか。ただしその後におこなわれた歪曲、とりわけいわゆる祭司資料の時代の歪曲は、まったく異なる意図によるものである。もはやさまざまな出来事についての報告を、都合のよい形で歪曲する必要はなくなっていた。このような歪曲はすでに昔の時代におこなわれていたからである。

ここでおこなわれた歪曲は別の意図によるものであり、現存の戒律と制度がもっと昔の時代に定められたものであって、原則としてすべてがモーセの立法によるものであることにされた。それによって既存の戒律と制度が神聖なものであり、拘束力をそなえたものであることを示そうとしたのである。この時代にこうした形で過去の出来事がさまざまに捏造されたとするならば、それには特定の心理学的な理由があると考えるべきだろう。エジプトを脱出してからエズラとネヘミヤの時代に聖書の原文が確定されるまでに約八百年もの年月が過ぎ去っているのであり、このように長い時間が経過した後では、ヤハウェの宗教が過去に遡ってモーセのもともとの宗教と調和するように作り直され、あるいはまったく同じものであるとみなされるようになっていたことが、その心理的な背景であるのかもしれない。

そしてこれこそがユダヤ教の宗教史の本質的な結末であり、運命的に重要な意味を持つ内容なのである。

七

モーセの殺害

後の時代の詩人や祭司や歴史家たちが作り変えようとした太古のあらゆる出来事のうちでも、ごく分かりやすくきわめて人間的な動機によって隠蔽された一つの出来事があり、これがとくに注目に値する。すなわち偉大なる指導者で解放者であったモーセが殺害された事件である。これはゼリンが預言者の語る言葉から推測した出来事である。ゼリンのこうした主張を空想的なものと非難することはできない。これはおそらく真実に近いと思われるからである。

イクナートンの神学派からでたモーセは王者のごとく振る舞ったが、彼にはそうすることしかできなかったのである。モーセは命令を下し、彼の民族に彼の信仰を強制した。[*40] あるいはモーセが定めた教義は、イクナートンの定めた教義よりも厳格なものであったかもしれない。モーセに従う異民族であったユダヤ人にとっては、オン（ヘリオポリス）の神学などまったく意味のないものであったから、モーセも自分の民を太陽神に従わせる必要などはなかったのである。

モーセもイクナートンも、開明的な君主にありがちな運命を辿ることになった。イクナートンのもとでのエジプトの第十八王朝時代の民衆と同じように、モーセに従ったユダヤ民族も、このように高度に精神化された宗教にそのままで従うことができず、その宗教がもたらすものによっては、自分たちの欲望を満足させることができなかった。そしてどちらの民も、同じような反応を示したのである。監督されて不遇に苦しんでいた民衆は蜂起して、強制された宗教の重荷を投げ捨てたのだった。しかし温厚なエジプト人が、聖なるファラオが死去するまでは自分たちの運命にしたがっていたのに対して、気性の激しいセム人であるユダヤ人たちは、運命を自らの手に握って、独裁者を葬り去ってしまったのである。[*41]

ただし現在残されている聖書の原文が、モーセのこのような最期をまったく予想させるものではないとは言えないのである。「荒野のさすらい」について語られた部分は、モーセの支配の時代について語っているのかもしれず、こうした報告においてはモーセの権威に反抗して、いくつかの重要な反乱が起きたことが語られている。こうした反乱はヤハウェの掟に従って、血なまぐさい懲罰によって鎮圧されたのである。

このような反乱が実際に起きたとすれば、聖書の原文の語るものとは違う結末が起きたことを想定するのは難しいことではない。そのような逸話の一つとして、民衆が新しい宗教に背いたことが語られている。これは例の黄金の仔牛の偶像の物語であって、その際にモーセは、怒りに駆られて、掟の書かれた石版を自ら砕いたとされているが（「彼は自ら砕いた」[11]）、これはその巧みな言い回しを象徴的に理解する必要がある。

やがて人々がモーセを殺害したことを後悔し、この犯行を忘れようと務める時期が訪れた。この時期はカデシュにおいてさまざまな部族が融合した頃であっただろう。そこでオアシスにおいて宗教が創設された時期が、エジプトから脱出した時期とそれほど遠くないものとすることで、モーセその人を宗教の創設に関与させることにしたのである。これによってモーセに従った民の要求が満たされただけではなく、モーセを暴力的に殺害してしまったという苦々しい事実も、きれいに否認されてしまったのである。しかし現実的に考えるならば、モーセが暴力的に殺害されなかったとしても、生き延びてカデシュでの宗教の創設に関わることができたとはどうしても考えられないのである。

歴史的な前後関係

わたしたちはここで、これらの一連の事件の時間的な前後関係を明らかにするよう努めなければならない。わたしたちはエジプトから脱出した時期を、第十八王朝が消滅した後の時代であると想定した（紀元前一三五〇年）。エジプトから脱出したのはちょうどその頃か、そのすぐ後の時期と想定した。というのもエジプトの年代記の作者は、第十八王朝が消滅したあとの無政府状態に終止符を打った後に紀元前一三一五年にいたるまで統治したホルエムハブの時代にまでこの時期を遡らせて、ホルエムハブの時代に算入しているからである。

エジプト年代記の作者がこのように記述した唯一の拠り所は、メルネプタハ王（在位は紀元前一二二五～前一二一五年頃）の石碑である。この石碑では、王がイシラール（イスラエル）に勝利して、イシラールの収穫物（?）を略奪したことを讃えている。しかし残念ながらこの石碑の碑文の価値は疑わしいものであり、この碑文が示しているのは、イスラエルの諸部族が当時カナンに住み着いていたということにすぎない。[*42]

マイヤーはこの碑文に基づいて、出エジプトがおこなわれた際にファラオだった人物は、これまで考えられていたのとは違って、メルネプタハ王ではありえないと結論しているが、これは正しいだろう。出エジプトがおこなわれたのは、もっと早い時代のことである。わたしたちから見ると、エジプトからユダヤ民族が脱出した際に誰がファラオであったかという問いは、問いそのものが無意味なものと思われる。エジプトからの脱出は空位時代におこなわれたのであるから、その当時にファラオはいなかったのである。

ところでこのメルネプタハ王の碑文の発見は、カデシュにおいてユダヤの諸民族が合流し、新たな宗教を受け入れた時代はいつであったかについても明らかにしてくれていない。それが起きたのが紀元前一三五〇年から紀元前一二一五年までのある時点であるということしか、わたしたちには確実に言うことができないのである。おそらくこの百年ほどの時期の初期の段階にエジプトからの脱出がおこなわれ、終わり近くの時期にカデシュでの出来事が発生したものとみられる。そしてこの二つの出来事のあいだに、この百年間の大部分の時期が収まるものとみられる。というのも、モーセを殺害した後にエジプトから帰還してきたユダヤ民族の激情が鎮められ、モーセの民であるレビ人たちの影響力が大きくなって、カデシュにおける妥協をもたらすことができるまでには、かなり長い時間が必要だったとみられるからである。二世代、ほぼ六十年ほどもあれば十分かもしれないが、あるいはこれでは短すぎるかもしれない。

メルネプタハ王の碑文から結論を下すには時期尚早なのである。わたしたちの立てた構想では、一つの仮説が別の仮説に依拠している状態なので、この問題についての議論はわたしたちの構想の弱さを示していることを認めざるをえない。残念ながらユダヤ民族のカナン定住に関連したすべての物語は錯綜しており、解きほぐすことができない。イスラエルの石碑に示された名前は、わたしたちがその運命を追跡している部族や、後の段階にイスラエル民族に合流した部族とはまったく関係がないということしかわからない状態である。何しろハビルすなわちヘブライ人という名前がこの民族に与えられたのは、アマルナ時代になってからにすぎないのである。

ユダヤの諸部族が集まって一つの共通の宗教を受け入れ、一つの国民となったのがいつのことであろうと、世界史にとっては取るに足らない一幕にすぎなかったかもしれない。そのような新しい宗教はさまざまなできごとの流れに弄ばれて忘れ去られ、ヤハウェの神もまた、作家フローベールが目にした過去の神々の行列の中に場所をみいだし、ヤハウェの民は、アングロサクソンの研究者たちが長い間探し求めてきた十の部族だけではなく、十二の部族すべてが「失われて」しまったこともありえただろう。

モーセの一神教の理念

ミディアンのモーセは、新しい民族にヤハウェを神として与えたのであったが、ヤハウェはいかなる観点からみても、卓越した神ではなかっただろう。偏狭で粗野な地方の神であり、暴力的で残忍な神だった。信者に対しては「蜜と乳のあふれる」土地を与えると約束しておいて、その当時その土地に住んでいた住民を「鋭い剣をもって」殺してしまえと命じたのである。聖書に伝えられる報告にはさまざまな修正が加えられているが、それでもヤハウェ神のもともとの性格を知ることのできる記述が多く残されているのは、不思議なことと言えよう。ヤハウェの宗教が真の意味で一神教であり、他の民族の神々の神性を否定したのかどうかということすら、明らかではないのである。ユダヤの民族にとっては自分たちの神が他のあらゆる神々よりも強力なものであれば、それで十分であったのだろう。

その後に起きたすべての事件は、このような発端から予想されるのとはまったく違う成り行きとなったが、その原因はただ一つの事実のうちにしかみいだすことができない。それはエジプトのモーセが自分の民に、これよりも高度に精神化された神の観念を与えていたことによるのである。この神の観念は世界を包括する唯一の神という理念であり、この神は全能であり、万物を愛し、あらゆる儀式や魔術を忌み嫌い、人間の最高の目標として真理と正義のうちに生きる生活を定めているのである。

アトン教の倫理的な側面についてわたしたちが手にしている報告がいかに不十分なものであったとしても、イクナートンが、自ら作成した石碑の銘文においてつねに「マート（真理、正義）のうちに生きる」と書いていたという事実は、無意味なことではありえない。[*43] ユダヤの民族はエジプトを脱出してからしばらく経って、おそらくモーセの教えを放棄し、モーセ自身を殺害してしまったのだろうが、それは長い時の流れにおいては決定的な意味を持つものではなかった。モーセについての伝承は伝えられ、幾世紀もの時間の流れの中でおそらくゆっくりとではあろうが、こうした伝承がついにモーセの達成できなかったことを実現したのである。

カデシュで新たな宗教が受け入れられた後は、モーセによるユダヤ人の解放もヤハウェのおかげであるとされたものの、ヤハウェ神は自分の受ける資格のない名誉を横取りしたことになるのであり、その後で手痛い代償を支払うことになった。ヤハウェは神の地位を占めることができたが、神の影［であるモーセ］のほうが、神そのものよりも強力になってしまったのである。そして結局のところはヤハウェ神の背後に、忘れられたはずのモーセの神が現れてきたのである。イスラエルの民に運命のもたらすあらゆる災厄を忍ばせ、現代にまで生き抜く力を与えたのが、ヤハウェの神とは異なるこのモーセの神の理念であったことを疑う人はいないだろう。

モーセの神がヤハウェに対して最終的な勝利をおさめるにあたって、レビ人が関与していたかどうかは、もはや明らかではない。カデシュで妥協がおこなわれた際に、モーセの従者であり同国人でもあったレビ人たちは、まだ記憶に新しいモーセの姿を思い浮かべながら、彼のために力を尽くしたのだろう。しかしそれから数世紀の時間が経過すると、レビ人たちはユダヤ民族あるいはその民族の祭司たちと融合した。そして祭司たちの主な仕事は、儀式を発展させ監視することであり、聖なる書物を保護し、自分たちの意図にかなった形で聖なる書物に修正をおこなうことだった。

預言者の登場

しかし犠牲を捧げるすべての儀式や儀礼というものは根本的にみて、かつてのモーセの教えによって無条件的に拒絶された魔法や魔術ではなかっただろうか。こうした疑問が抱かれるようになるとユダヤ民族の中心部から、不屈の意志を持つ人々が次々と登場するようになった。これらの人々はその生まれでみるとモーセと直接結びついてはいなかったが、闇の中で次第に育ってきた偉大で強力な伝統と結びついていた。これらの人々が預言者であり、彼らは倦まず弛まずかつてのモーセの教えを語りつづけたのだった。神は犠牲を拒絶する、儀式を拒絶する、信仰のみを求める、真理と正義（マート）のうちに生きることを求めると主張しつづけたのだった。

預言者のこうした活動は永続的な成功を収めた。預言者は昔の信仰を復活させたのであり、そうした教えはユダヤ教の不変の内容となった。このような伝承を守りつづけ、その伝承に声を与える不屈な預言者たちを生みだしつづけたことは、ユダヤ民族にとってまことに大きな名誉となることである。たとえこうした預言者を鼓舞する力の源が、外国から訪れた一人の偉大な外国人であるモーセからもたらされたものであったとしてもである。

わたしがこのような叙述について根拠があると感じることができるのは、こうした叙述は専門知識を持つ他のさまざまな研究者の判断に依拠することができるからである。こうした研究者たちは、たとえモーセがエジプト人であったことは認めていないとしても、ユダヤ宗教史にとってモーセの果たした重要な役割については、わたしと同じような観点から考察しているのである。たとえばゼリンは次のように述べている。

「このようにしてわたしたちはモーセのもともとの宗教は、そしてモーセが告知した倫理的な神への信仰は、当初は民族の中の小さな集団だけが所有していたものと考えざるをえない。ユダヤ民族の公的な祭祀において、そして祭司の宗教の中に、また民衆全体の信仰において、モーセの信仰をみいだすことができるとは、最初から期待できない。むしろモーセがかつて点火した精神の炎から、そこかしこにふたたび火花が現れるような状況を想定することができるだけである。モーセが示した理念は死に絶えたわけではなく、そこかしこに、信仰と道徳のうちに密かに展開されていたのである。やがて遅かれ早かれ、特別な経験の影響のもとで、あるいはモーセの精神に強く捉えられた人々の力によって、こうした理念がふたたび強く現れ、広範な民衆の心のうちに浸透していったと考えるべきだろう。古代イスラエルの宗教史はさしあたり、このような観点から考察しなければならない。カナンにおいて最初の五世紀の間に民族の生活に示された歴史的な証拠に基づいて、当時の宗教を再構成しようとしながら、モーセの宗教を組み立て直そうとするならば、それは方法論的に大きな間違いであろう」[*44]。

さらにP・フォルツは次のように明確に述べている。「天高くそびえるようなモーセの業績は、最初のうちは明確に十分に理解されることはなかったし、実践されることもなかったが、数世紀のうちに次第に人々の心のうちに浸透してゆき、やがては偉大な預言者のうちに同じような精神をみいだしたのであり、こうした預言者たちがモーセという孤独な人物の業績を継承したのである」[*45]。

結論

このようにしてわたしの研究はひとつの結論に到達したとは言えるだろう。というのもわたしの研究はエジプトのモーセの姿をユダヤの歴史の中に組み入れることだけを目指していたからである。わたしたちが獲得した成果をごく手短に表現しておこう。ユダヤの歴史には二重性が見られることはよく知られている。二つの民族集団が合流して一つの国家を形成した。やがてこの王国は二つの王国に分裂した。そして聖書の文書資料には二つの神の名前が記されている。

これらのよく知られた二重性にわたしたちは次のような二重性をつけ加えることに

しよう。まず、創設されたのは、二つの宗教だった。最初に創設された宗教は、後に創設された宗教によって抑圧されながら、やがてはその宗教の背後に現れて、その宗教に勝利を収めることになる。次に、宗教を創設したのは、二人の人物だった。どちらもモーセという名前で呼ばれているが、これらの二人の人物は区別すべきである。

これらの二重性はいずれも、最初に述べた二つの民族集団という二重性によって生まれたものである。民族のうちの一部の人々が心的外傷を残すような体験をしていた一方で、残りの人々はこうした体験をしていなかったという事実から必然的に生まれた二重性なのである。

この二重性のほかにもまだ、詳しく述べるべきこと、説明すべきこと、主張すべきことは無数に残されている。そうした作業が終わった時に初めて、わたしたちが純粋に歴史的な研究に対して抱いた関心の重要性が真の意味で明らかになるだろう。伝承の本来の性格はどのようなものであったか、伝承が持つ独特な力はどこから生まれたのか、世界史において個々の偉大な人物がもたらした個性的な影響力を否定することがどれほど不可能なものであるか、物質的な欲求に基づく動機しか認めないことが、人間生活の大いなる多様性をいかに冒瀆するものであるか、人間や諸民族の心を支配するような威力、とくに宗教的な理念というものは、どのような源泉から生まれるものであるか、これらすべての問いを、ユダヤの歴史という特殊な事例について研究するのは、魅力的な課題であろう。このような方向で仕事を進めて行けば、わたしが二五年前に『トーテムとタブー』において示した論述の内容とつながることになるだろう。しかしわたしにはこの仕事を成し遂げるだけの力がもはや残されていないかもしれない。

第二論文の原注

＊1　フロイト「モーセ、一人のエジプト人」。『イマーゴ』第二三巻第一号、一九三七年。

＊2　エジプトを脱出したユダヤ人の数がどの程度であったのかは、わたしたちには想像もつかないことである。

＊3　J・H・ブレステッドはこの王のことを「人類史上における最初の個人」と呼んでいる。

＊4　以下に述べることは主として、J・H・ブレステッド『エジプトの歴史』（一九〇六年）ならびに『良心の誕生』（一九三四年）に述べられていることと、『ケンブリッジ古代史』第二巻の該当部分の記述に依拠したものである。

＊5　アメンヘテプの寵愛を受けた王妃ネフェルティティもアジアの王女だったに違いない。

＊6　ブレステッド『エジプトの歴史』三六〇ページを参照されたい。「この新しい国家的な宗教の起源がヘリオポリスにあったのは確かであろうが、それはたんなる太陽崇拝ではなかった。アトンという言葉は、神を示す古い言葉であるヌトルの代用として使われたものであり、神は物質的な太陽とは明確に区別されている」（『良心の誕生』前掲書、二七九ページ）。「国王が神格化していたのは、太陽神が自らを地上で実感させていたこの力であることは明らかである」。また同じような判断をA・エルマンが神を称える儀式に関連して述べている。「そのような言葉は、天体そのものを称えるものではなく、天体においておのれを示している存在を称えるものなのであるということを、できる限り抽象化して表現したものであろう」（『エジプトの宗教』一九〇五年）。

＊7　前掲のブレステッド『エジプトの歴史』三七四ページ。

＊8　ここではこの名前について英語の表記を採用することにした（一般にアケナートンと呼ばれている）。国王が採用したこの新しい名前は、以前の名前とほぼ同じように「神は満足した」ことを意味する［なおこの名前にはイクナートン（Ikhnaton）、アケナートン（Akhenaton）、アクナートン（Akhnaton）など複数の表記が混在して使われている］。ドイツ語でゴットホルトとかゴットフリートという名前と同じことである。
＊9　この廃墟で一八八七年に、エジプトの王たちがアジア［オリエント］の諸国の王ならびにその臣下たちと交わした歴史学的にきわめて重要な書簡が発見されている。
＊10　前掲のブレステッド『エジプトの歴史』三六三ページ。
＊11　ウァイゴール『アクナートンの生涯とその時代』（一九二三年、一二〇〜一二一ページ）では、人々はさまざまな呪文によって冥府に対する恐怖から身を守ろうとしたのであるが、イクナートンは冥府については何も信じようとしなかったと述べている。「アクナートンは、あらゆる呪文にかかわる書物を火の中に投じた。ジン、幽霊、精霊、怪物、半神、オシリスならびにそのすべての従者たちが火の中に投じられ、燃え尽きた」。
＊12　ウァイゴールの前掲書、一〇三ページ。「アクナートンはアトン神についていかなる造形も許さなかった。この王は、真の神はいかなる形も持たないものだと語ったの

であり、この信念を生涯を通じて守ったのである」。

＊13　エルマンの前掲書、七〇ページ。「オシリスと死の国については一言も語られなくなったのであろう」。またブレステッド『良心の誕生』の二九一ページでは、「オシリスはまったく無視されている。イクナートンのいかなる記録においてもアマルナにあるいかなる墓においても、この死の神の名前は記録されていない」。

＊14　わずかな例外としてヴァイゴールの前掲書には、次のような記述がある。「レーを沈みつつある太陽と呼んでいたアトゥーム神は、北シリア地方で崇拝されていたアトンと同じ起源の神だったのではないだろうか。だからこそ、外国からエジプトに来た王妃やその従者たちが、テーベよりもヘリオポリスに魅力を感じていたのではないだろうか」（一二ページと一九ページ）。

＊15　わたしたちはここで聖書の伝承を自分たちの望むように処理しながら、都合のよいところを論証のために利用し、不都合なところはあっさりと否定している。このようなやり方に方法論的な重大な批判が向けられることは、そしてそのためにわたしたちの説明の証明力が損なわれていることは、よく承知している。ただし素材がそもそもつじつま合わせされる傾向があり、信頼性が著しく損なわれていることが明らかであるので、

このような方法を採用するしかないのである。いずれここで指摘された謎めいた動機について手がかりが入手できるようになれば、こうした方法の正当性もある程度は認められるのではないだろうか。そもそも絶対に確実なことは指摘できないのであり、あえて言えば他のすべての研究者も、同じような方法を採用しているのである。

＊16　モーセが政府の高官であったとすれば、彼がユダヤ人の指導者の役割を引き受けたことはごく分かりやすいことである。もしもモーセが祭司であったならば、彼が新たな宗教の創設者となったのは自然のなりゆきだっただろう。いずれにしてもモーセのそれまでの職分を継続するものであっただろう。そして王家の王子が地方の統治者であり、同時に祭司であることも、大いにありうることだったであろう。フラウィウス・ヨセフスは捨て子伝説を受け入れているが、聖書とは違う伝承を知っていたと思われるのであり（『ユダヤ古代誌』）、モーセはエジプトの将軍としてエチオピアに遠征し、勝利を収めたと語っている(12)。

＊17　多くの歴史家たちはホルエムハブ将軍を、メルネプタハ王の統治する第十九王朝の人物とみなしており、わたしの想定するホルエムハブ将軍はそれよりも一世紀前の人物となってしまうだろう。あるいはそれよりもいくらか遅れてからのことかもしれない。

というのも公式の年代記ではホルエムハブの統治の時代に、空位時代を算入してしまっているからである。

＊18　ヘロドトスは紀元前四五〇年頃にエジプトを訪れ、その旅行記においてエジプト民族の特徴を描きだしているが、これらの特徴は後のユダヤ人について知られている特徴と驚くほどよく似ている。「一般に彼らはあらゆる点において他の人々よりも信心深い。彼らはまたその風習によって、他の人々と自らを区別している。たとえば彼らは第一に清潔を保つという理由で割礼を採用したのであるが、この風習もその目的に役立っている。また彼らは豚肉を食べないという風習によって他の民族と異なっているが、これはかつて黒豚の姿をとったセトがホルスを傷つけたという逸話から生まれた風習であろう。最後にきわめて特徴的なものとして、雌牛を畏敬するという風習がある。彼らは雌牛を絶対に食べないし、犠牲に捧げることもない。これは雌牛の角を持つイシスを侮辱しないようにするためであろう。そのような理由でエジプト人は男も女も、ギリシア人には絶対に接吻しようとしないし、ギリシア人の使った包丁や焼き串や鍋は、決して使おうとしないのである。普通であれば清浄なものとされる雄牛の肉も、ギリシア人の包丁で切られたものであれば、決して食べないだろう。…（中略）…エジプト人は高慢

で偏狭な態度で他の民族を見下していた。他の民族は不浄であり、エジプト人と比較すると神々から離れたところに立っているのだというのである」(エルマン『エジプトの宗教』一八一ページ以下)[13]。わたしたちはここでインド民族の生活にもこれと同じような風習があることを忘れるべきではないだろう。ところで一九世紀のユダヤ人詩人ハインリヒ・ハイネに誰が教え込んで、自分の民族であるユダヤの宗教について「ナイルの谷から引きずってきたこの苦悩/古代エジプトの不健全なこの信仰」と嘆かせたのだろうか[14]。

＊19　この逸話はヨセフスの伝えるものではいくらか異なっている[15]。

＊20　E・マイヤー『イスラエルの民と近隣の部族』一九〇六年。

＊21　聖書にはヤハウェがシナイ山から降りてメリバ・カデシュにやって来たという記載がまだ残されている。

＊22　マイヤーの前掲書の三八ページと五八ページを参照されたい。

＊23　同書の四九ページ参照。

＊24　同書の四四九ページ参照。

＊25　同書の四五一ページ参照。

＊26　同書の四九ページ参照。

＊27　同書の七二ページ参照。

＊28　同書の四七ページ参照。

＊29　E・ゼリン『モーセ、およびイスラエル・ユダヤ宗教史にとってモーセが持った意義』一九二二年。

＊30　この考え方は、エジプト語が古代ユダヤ文書に及ぼした影響についてのヤフダの議論と一致している。A・S・ヤフダ『エジプト語との関連で考察したモーセ五書の言葉』（一九二九年）を参照されたい。

＊31　グレスマンの前掲書の五四ページ参照。[16]

＊32　エンサイクロペディア・ブリタニカ、第一一版、一九一〇年、「聖書」の項目。

＊33　アウエルバッハ『荒野と約束の地』（一九三二年）参照。

＊34　ヤハウェの祭司とエロヒムの祭司を最初に区別したのはアストリュックであり、一七五三年にさかのぼる。

＊35　歴史的にみてユダヤ人という類型が最終的に確定されたのは、イエスが生まれる前の紀元前五世紀のエズラとネヘミヤによる改革によってであったとされている。それ

は捕囚時代の後に、ユダヤ人に好意的であったペルシアの支配下にあったときのこととされている。わたしたちの仮説による計算では、モーセが出現してからすでに九百年の年月が経っていることになる。この改革では民族全体を聖なるものとする規定が重視され、異民族との通婚を禁止して周囲の民族との分離がおこなわれ、本来の掟を示したモーセ五書が最終的に仕上げられ、祭司資料と呼ばれている資料の修正が終わったとされている。しかしこの改革は新たな試みを持ち込むものではなく、以前からの動向を受け継ぎ、さらに確実なものとしたと考えるべきだろう。

＊36 ヤフダの前掲書を参照されたい。

＊37 モーセの書記たちが、あらゆる造形を禁止するという強制に従っていたと想定するならば、彼らが象形文字を捨てて、新たな言語表現のための文字を作り出すための十分な動機を持っていたことになる。これについてはアウエルバッハの前掲書の一四二ページを参照されたい。

＊38 その場合には、ヤハウェという新しい名前を使用することが厳しく制限されたという事実はかえって理解し難くなるのであり、そのような制限があったかどうかについて疑わしく思われるのである。

＊39　ヤハウェが火の神であり、火山の神であったことは間違いない。そしてエジプトに住む人々にとってはこのような神を信仰すべき理由はない。ヤハウェという名前が別の神々の名前の語根と響きあうことに驚いたのは、わたしだけではないだろう。たとえばヤハウェという名前はユピテル（ヨウィス）という名前と響きあうのである。ヘブライ語のヤハウェの語の短縮形から作り出されたヨカナーンという名前は、ゴットホルトを意味するものであり、カルタゴではこの名前はハンニバルに相当するのである。そしてこのヨカナーンという名前はその後、ヨハン、ジョン、ジャン、ファンなどの形に変わって、ヨーロッパのキリスト教徒たちがもっとも好む名前となったのである。イタリア人はこの名前をジョヴァンニと訳し、週のある曜日をジョヴェディと呼んでいるが、これも同じような現象を示したものである。これはつまらないことかもしれないが、あるいは意味深長なものであるかもしれない。ここには不確かであるが広大な展望が開けているのである。

歴史的な暗黒時代と呼ばれる数世紀の間に、地中海の東部沿岸地域の諸国において激しい火山の噴火が頻発しているが、こうした噴火は地域の住民に強い印象を与えたに違いない。A・J・エヴァンズはこうした噴火に伴う地震によってクノッソスのミノス神殿が最終的に崩壊したと考えている。当時のエーゲ海周辺の世界一般に言えることだが、ミノス神殿があったクレタ島ではその頃には偉大な母性神が信仰されていた。ところがこうした母性神には、火山の激しい攻撃から住民の住居を守る力がないことが認識されるようになると、母性神よりも男性神が好まれるようになり、母性神に代わって火山の神が信仰されるようになったのかもしれない。

ゼウスはまさしく「大地を揺るがす神」である。この暗黒の時代に母性神の代わりに男性神が信仰されるようになったのはほぼ間違いのないところである。これらの男性神はおそらく母性神の息子たちだったのであろう。とくに印象深いのが女神パラス・アテナのたどった運命である。最初はこの女神は地方的な母性神であったのだが、宗教的な革新のために娘に格下げされてしまったのである。そして彼女自身の母親を奪われただけではなく、若い娘として処女であることを強いられ、母性神になる能力を奪われたのである。

＊40　この時代にあっては他の方法で民衆に影響を行使することはできなかったのである。

＊41　数千年におよぶエジプトの歴史においてファラオが暴力的に追放されたり、殺害

されたりした例がきわめて少ないことは、注目に値する事実である。そしてたとえばアッシリアの歴史と比較してみれば、この驚きはさらに強まるだろう。もっともエジプトにおいては歴史記述が、王室の意図に奉仕していた［ためにこうした事実が隠された］可能性も否定できない。

＊42　マイヤーの前掲書、二二二ページ。

＊43　イクナートンの頌歌は神の普遍性と唯一性を強調するだけではなく、あらゆる被造物に対する神の愛情のこもった配慮を謳い上げ、自然と接することへの喜びと自然の美しさを享受するよう、人々に促している。ブレステッド『良心の誕生』を参照されたい。

＊44　ゼリンの前掲書、五二ページ。

＊45　パウル・フォルツ『モーセ』テューービンゲン、一九〇七年（六四ページ）。

第二論文の訳注

（1）「出エジプト記」ではこの件について、モーセがエジプトの親戚に会うためにエジプトに戻ろうとしたときの出来事として、次の物語を唐突に挿入している。「途中、ある所に泊まったとき、主はモーセと出会い、彼を殺そうとされた。ツィポラは、とっさに石刀を手にして息子の包皮を切り取り、それをモーセの両足に付け、『わたしにとって、あなたは血の花婿です』と叫んだので、主は彼を放された。彼女は、そのとき、割礼のゆえに『血の花婿』と言ったのである」(第四章二四節〜二六節)。

(2)「創世記」には割礼をめぐる悲惨な物語が語られている。ヤコブは一族を率いて放浪の生活をしながら、シナイ地方のある町の側に宿営していた。その土地の首長の息子のシケムが、ヤコブの娘ディナを見初めて捕らえ、共に寝て辱めたので、首長のハモルはヤコブに結婚を認めてほしいと頼んだ。ヤコブの息子たちは、割礼を受けていない男性に妹を妻としてやることはできない、その町のすべての男性が割礼を受ければ、結婚を認めると答えた。そこでその町の全員の男が割礼を受けた。まだ割礼の手術の痛みが抜けていない三日後に、ヤコブの息子たちは剣をとって町を襲い、シケムを含むすべての男性を殺した。妹が娼婦のような扱いを受けたことが許せなかったのである(「創世記」第三四章)。

(3)「エジプトの肉鍋」については、モーセに連れられてエジプトを脱出した後にユダヤの民が砂漠で飢えて、モーセに次のような不平を語ったことを指している。「我々はエジプトの国で、主の手にかかって、死んだほうがましだった。あのときは肉のたくさん入った鍋の前に座り、パンを腹いっぱい食べられたのに。あなたたちは我々をこの荒れ野に連れ出し、この全会衆を飢え死にさせようとしている」（『出エジプト記』第一六章三節）。

（4）ゴシェンはナイル河口に近い牧羊に適した豊かな土地であって、エジプトに住んでいたヨセフは兄弟と父の家族をエジプトに呼び寄せるために、まずゴシェンの地に家畜とともに移住してくるように勧めた。「創世記」第四六章から四七章を参照されたい。

（5）イスラエルの民とその他の民との戦争で、モーセが手を上げているかぎりは、イスラエルの民は勝ちつづけた。「モーセが手を上げている間、イスラエルは優勢になり、手を下ろすと、アマレクが優勢になった。モーセの手が重くなったので、アロンとフルは石を持って来てモーセの下に置いた。モーセはその上に座り、アロンとフルはモーセの両側に立って、彼の手を支えた。その手は、日の沈むまで、しっかりと上げられていた」（「出エジプト記」第一七章一一～一二節）。

（6）エジプト人はエチオピア人が侵入した際に、神託によってヘブライ人のモーセと同盟することを勧められて、モーセにエジプト軍の指揮を委ねた。モーセはエチオピアに攻め入り、「彼らの町を次々と屠って、エチオピア人を大量に殺戮していった」(ヨセフス『ユダヤ古代誌』第二巻二四八節、秦剛平訳、ちくま学芸文庫、第一巻、二〇八ページ)のである。

(7) モーセは訳注(6)で引用したように、エチオピアで大勝利を収めてエジプトに凱旋するが、人々の嫉妬に苦しめられる。「エジプト人たちはモーセのおかげで窮地を脱したが、かえってこのために彼にたいする憎悪心を新たにし、彼の生命を奪う計画をいちだんと熱心にすすめていった」(前掲書、二一〇ページ)。モーセがエジプトを脱出してシナイ半島に逃れたのは、そのためだとされている。

(8) このエトロという人物は、「出エジプト記」によるとミディアンの祭司であり、モーセの妻ツィポラはエトロの娘であり、モーセは「しゅうとでありミディアンの祭司であるエトロの羊の群れを飼っていた」(「出エジプト記」第三章一節)という。エジプトを出て、ユダヤの民と放浪しているモーセのところをエトロが訪問し、民を指導する長の任命など、さまざまな助言を与えている。「モーセはしゅうとの言うことを聞き入れ、その勧めのとおりにし、全イスラエルの中から有能な人々を選び、彼らを民の長、すなわち千人隊長、百人隊長、五十人隊長、十人隊長とした」(同、第一八章二四〜二五節)。
(9) この割礼の物語については訳注(1)を参照されたい。
(10) 「ヨシュア記」では、エジプトから帰還したユダヤの民はすべて割礼を受けていたことを認めている。ヨシュアは荒れ野でユダヤの民に割礼をするが、その理由は次のように語られている。「エジプトを出て来たすべての民、戦士である成人男子は皆、エジプトを出た後、途中の荒れ野で死んだ。出て来た民は皆、割礼を受けていたが、エジプトを出た後、途中の荒れ野で生まれた者は一人も割礼を受けていなかった」(「ヨシュア記」第五章四〜五節)。
(11) 「出エジプト記」第三二章一九節。
(12) これについては訳注(6)を参照されたい。
(13) この引用は、ヘロドトス『歴史』の第二巻の自由な引用である。邦訳は『歴史』松平千秋訳、岩波文庫、上巻、一八七ページ以下。
(14) これはハイネの詩作品「ハンブルクのイスラエル病院」からの引用である。邦訳を引用しておく。
　この病院は誰のため?/貧しい病気のユダヤ人のため/貧苦と病気とユダヤ族と

の三つの苦難を負うて／三重に不幸な人間のため三つのうち一番悪いのは最後のものだ／千年つづいた一族のこの災厄／ナイルの谷から引きずつて来たこの苦悩／古代エジプトの不健全なこの信仰（『ハイネ全集』第二巻、生田春月訳、越山堂、三一二～三一三ページ）。

（15）ヨセフスの伝える別の伝記を引用しておく。ファラオの王女は、モーセを拾って養育した後、子宝に恵まれなかったために、モーセを父の王国の跡継ぎにしたいと申し出て、ファラオにモーセを抱かせた。「父は愛情をこめてしっかりと彼を抱きしめた。そして娘の機嫌を取ろうと、彼をおろして王冠をその子の頭上に置いた。するとモーセは王冠をもぎとり、あどけない仕草であったが、それを地面にたたきつけ、両足で踏みつけてしまった」（ヨセフス『ユダヤ古代誌』第二巻二三三節。邦訳は前掲書、二〇三ページ）。

（16）これは七二ページに既出のドイツの神学者のフーゴー・グレスマン（一八七七～一九二七）の研究書『モーセとその時代』を指すが、本書ではこの書物の名称は記載されていない。

第三論文　モーセ、その民族、一神教

第一部　緒言一（一九三八年三月以前）

現在の危機

わたしにとってはもはや失うものは何も、あるいはほとんど何もないのであるから、その人間にふさわしい大胆さを持って、かつて十分に納得した上で決意したことを、もういちど翻すことにしよう。そして『イマーゴ』（第二三巻第一号と第三号）に掲載したモーセについての二つの論文に、これまで発表していなかった結末部分を追加することにしよう。すでにわたしはこの仕事を成し遂げるだけの力が残されていないのではないかと覚悟していることをはっきりと述べておいたし、高齢のために創造力が衰えていることも[*1]、もちろん自覚していたのではあるが、さらに別の障害についても考慮に入れていた。

わたしたちが生きているこの時代は、いかにも奇妙な時代である。進歩が野蛮と手を結んでいるこの時代の奇妙さに、わたしたちは驚きを抑えることができない。ソ連では圧制に苦しめられている一億もの人々の生活を改善するためにさまざまな試みがおこなわれてきた。大胆にもソ連においては宗教という「麻酔薬」が民衆から奪われており、巧妙にも人々にある程度の性的な自由は認められているものの、民衆の生活は過酷なまでに強制されており、思想の自由も完全に否定されてしまった。

イタリアでも民衆は同じように暴力的な圧制のもとで、秩序と義務についての感情を教え込まれている。ドイツの民衆は、進歩についてのいかなる理念にも依拠せずに、人類の歴史が始まる以前の野蛮な状態に後戻りしており、それによって人々は重苦しい配慮をしなくてもすむと感じるようになっているのである。いずれにせよ今日では文化の進歩を保護するのは保守的な民主主義国家の役割となっている。奇妙なことにこのような文化的な危険が強まることを、カトリックの教会制度が力強く防いでいるありさまである。これまではカトリック教会の制度こそが、思想の自由と真理の認識の進歩を妨げる宿敵であったにもかかわらずである。

わたしたちは今、［オーストリアという］カトリックの国に、カトリック教会に守られて生きているのであるが、この保護もいったいいつまでつづくものであろうか。いずれにしてもこの保護がつづいている限りは、教会の敵愾心を掻き立てるような行動をとることは当然ながらためらわざるをえない。しかしこれは臆病からではなく、慎重さのためである。わたしたちは新しい敵に屈服しないようにしているが、この新しい敵は古い敵よりも危険であり、古い敵とであれば、和解することができることをわたしたちは知っているからである。

このような状況に陥る前から、わたしたちが育ててきた精神分析の研究はカトリック教会からは不信の目で見られてきた。わたしはそれが不当であるとは主張しないつもりである。精神分析によって宗教が人類の神経症にほかならないことが指摘され、さらには宗教のもつ巨大な力を、わたしたちが治療している患者の神経症の持つ強迫的な力と同じ種類のものとして解明できることが結論されるとともに、わたしたちは国を支配するさまざまな権力の激しい反感を買うことになったのであった。

しかしわたしたちはとくに新しいことを言ったわけではないし、このようなことはすでに四半世紀も前から、十分に明瞭に語られてきたことなのである。二五年も前にすでに語られていたことが、これまで忘れられていたにすぎない。

それでもわたしたちがこのことを今になってくり返し、あらゆる宗教の創設にとって模範となる重要な実例によってそのことを説明するならば、波乱が起きるのは避けられないことだろう。あるいは精神分析の活動が禁止されるようになるかもしれない。教会は抑圧という暴力的な方法に無縁であるわけではなく、むしろ教会以外の制度がこうした暴力的な方法を使用するならば、自分の特権が侵害されたと反感を感じるほど、教会はこの方法に親しんでいるのである。わたしが長生きしている間に精神分析は広い範囲に広まったが、それでも精神分析が生まれ育ったウィーンという町こそが、精神分析にとってもっとも大切な町でありつづけるだろう。

このような宗教的な妨害や、外部からの政治的な危険のために、モーセについてのわたしの研究の結論部分の公表は差し控えるべきだと感じており、実際に差し控えるつもりでいる。わたしがこのような不安な気持ちを感じているのは、自分の重要性について過大評価しているからではないかと自問することによって、困難を取り除こうと試みてきた。実際のところわたしがモーセについて、あるいは一神教という宗教の根源についてどのようなことを発表しようとも、それは権力にとってはどうでもよいことなのかもしれない。しかしわたしはこの判断に自信を持てない。世間の判断について甘い考え方を持つと、悪意のある人やセンセーショナルな出来事を好む人々につけこまれるのではないかと考えざるをえない。

だからわたしはこの論文を発表しないつもりでいるが、だからといって書くのを遠慮する必要もないだろう。わたしはすでにこの論文を二年前に完成しているのであり、これにわずかな修正を加えて、前に発表した二つの論文につけ加えるだけでよいからである。この三番目の論文を危険を感じなくても公表できる時期が来るまでは、そしてわたしの結論と同じ見解を人々が公表しても、「かつての暗い時代に、あなたと同じような考えの人がいたのだ」と語られる時代が来るまで、これは発表せずに保存しておくことにしよう。

緒言二（一九三八年六月）

解放されてからの決心

モーセという人物についてのこの研究をつづけている間に、心のうちでの危惧の思いや外的な妨害など、きわめて困難な状況によって苦しめられていたので、この第三の最後の論文には二つの異なる緒言をつけることになってしまった。この二つの緒言はたがいに矛盾し、打ち消し合うような働きをしているが、それはこれらの緒言を執筆している短い間に、わたしを取り囲む状況が根本的に変わったからである。

第一の緒言を執筆した際には、わたしはカトリック教会の庇護のもとで暮らしていたので、この第三の論文を発表したならば、その庇護が失われ、オーストリアの精神分析の信奉者や研究者に対して禁止命令が出されるのではないかと、わたしは懸念していたのだった。

ところが急にドイツ軍が侵攻してきたのである。そしてカトリック教会は、聖書の言葉を借りれば「風にそよぐ葦」のようなものであることが明らかになってしまった。今ではわたしは自分の思想だけではなく「人種」のためにも迫害されるのが確実となったため、わたしが幼い頃から七八年にもわたって故郷とみなしてきたウィーンの町を、多くの友人とともに去ることになったのである。

わたしは美しく、自由で寛大なイギリスという国によって、きわめて友好的に迎えられた。今ではイギリスにおいてわたしは歓迎された客人として暮らしており、生き返った気持ちである。そしてあの忌まわしい重圧から解放され、今ではわたしはふたたびやりたいこと、あるいはやらなければならないことをやりながら自由に語り、書いてもよいことになったのである（わたしはつい「考えてもよい」と書きそうになった）。そこでわたしは自分の仕事の最後の部分をあえて公表することにした。

今では外的な障害は存在しない。少なくとも心配になって尻込みしなければならないような障害はない。イギリスにやってきてからまだ数週間しか経っていないが、それでもイギリス滞在を喜んでくれた多くの友人たちや、未知の人々や、わたしとは無関係な人々から、わたしを歓迎する多数の書簡を受け取っている。これらの手紙は、わたしがこの土地で自由と安全をみいだしたことに満足の気持ちを表明していた。

これとは別にわたしの魂の救済を目指した書簡、わたしにキリスト教徒として進むべき道を教えようとした書簡、あるいはイスラエルの将来について説明しようとした書簡なども、異邦人であるわたしにとっては驚かざるをえないほどの頻度で届いたのであった。

このような書簡を送ってくれた善良な人々は、おそらくわたしがどのような人間であるかをよく知らなかったのであろう。しかしモーセについてのわたしのこの論文が翻訳されて、新たに同胞となったイギリス国民に周知されるようになれば、今ではわたしにこのような好意を示してくれている人々の同情も、ほとんど失われてしまうのではないだろうか。

わたしの心の重苦しさは、政治的な激変を経験しても、住居を移転しても、まったく軽減されることがなかった。依然としてわたしは自分の仕事を前にして自信を持てず、著者が自らの著書との間で持つはずの統一感や一体感の意識を持てないと感じてしまうのである。これはわたしが自分の結論の正しさを確信できないことを意味するものではない。この結論の正しさについては、わたしが一九一二年に『トーテムとタブー』という書物を執筆してから、すなわち二五年も前からすでにわたしは確信していたのであり、この確信はそれからは強まるばかりである。

宗教的な現象は、わたしたちに馴染みの個人の神経症の症状をモデルとすることによって初めて理解することができる。すなわち宗教的な現象は、遠い昔に忘れ去られてしまった人類の太古の家族のうちで起きた重要な出来事が回帰してきたものとしてしか理解することができない。宗教的な現象にそなわる強迫的な特性は、まさにこうした根源から生まれているのであり、このような歴史的な真実に依拠しているからこそ、宗教的な現象は人間にこれほどまでに強く働きかけてくるのである。わたしはこれらの結論をその当時から、一度も疑ったことはない。

わたしが不安な気分を抱くとすれば、それはこのような結論が、ここで主題として取り上げているユダヤ人の一神教についても証明できるものかどうかを自らに問いかける時に心配になるからである。人間モーセについての問いから始めたこの仕事を批判的なまなざしでみると、まるで一本の脚の爪先でバランスをとっている踊り子の姿のように見えてくる。もしもわたしが捨て子伝説の神話を分析し、解釈した結果に依拠することができず、それによってゼリンがモーセの最期について推測している内容を引きだすことができなかったとすれば、この論文は最初から執筆しないでおけばよかったのである。ともかく考察を始めることにしよう。

考察を始めるにあたってはモーセに関する純粋に歴史学的な研究の結論を示した第二論文の内容の概要を、ふたたび掲げることにしよう。ここではこの結論に新たな批判を加えることはしない。この結論は心理学的な考察の土台となるものであり、心理学的な考察はつねにこの結論から出発し、絶えずこの結論に戻って行くものだからである。

A　歴史的な前提

一神教の登場

アメンヘテプ四世の果たした役割

わたしたちの関心を集めた出来事の歴史的な背景は次のようなものだった。第十八王朝による征服の拡大によって、エジプトは世界王国となった。宗教的な考え方の発展においても、新たに生まれた帝国主義の影響がみられる。国民全体の宗教的な考え方ではないとしても、精神的に活動的な上層の支配階級の考え方に、この影響がみられるのである。オン（ヘリオポリス）における太陽神の神官の影響のもとで、普遍的な神アトンの理念が登場したが、それにはおそらくアジア［オリエント］からの刺激もあったに違いない。

この神はもはや、一つの国や一つの民族だけの制約にしばられてはいなかった。若い王、アメンヘテプ四世の登場とともに、この普遍的な神の理念の発展にしか関心をもたないファラオがエジプトを支配することになった。王はアトン教を国家的な宗教の地位に高め、それによってこの普遍的な神は、唯一神となった。そしてほかの神々について語られていることはすべて嘘であり偽であるとされた。王は魔術的な思考のすべての試みを、仮借ないまでに断固として拒絶し、エジプト人にとってとりわけ大切なものであった死後の生という観念まで否定したのだった。そして後世の科学的な知識を驚くほどに先取りするかのように、太陽光線のエネルギーが地上のすべての生命の源泉であると主張し、この太陽光線を神アトンの力の象徴として崇拝した。王は創造の成果を目の当たりにする喜びと、マート（真理と正義）のうちに生きることを誇りとしていた。

人類の歴史において、純粋な一神教の宗教が登場したのはこれが初めてであろう。この一神教の誕生の歴史的な条件と心理的な条件を考察してみることは、きわめて大きな価値のあることだろう。しかしアトン教についてはは、わたしたちにはそれほど多くの情報は伝えられていないために、これについては留意が必要だろう。［アメンヘテプ四世が改名して名乗った〕イクナートン王が創造したものは、後継者たちの力が弱かったこともあって、すべて破壊されている。

イクナートンによって抑圧された神官階級の復讐の念は、若き王の〔死後はその〕思い出にたいする激しい怒りとなった。アトン教は破棄され、ファラオには冒瀆者という烙印が押され、宮殿は破壊され、略奪された。紀元前一三五〇年頃に、第十八王朝は姿を消した。しばらく無政府状態がつづいた後に、ホルエムハブ将軍が秩序を回復し、紀元前一三一五年まで統治した。イクナートン王の宗教改革は、忘却の運命にある歴史的な挿話として終わったかのようだった。

モーセの果たした役割

ここまでは歴史的に確認された事実であり、これから語るのは、わたしたちの仮説である。イクナートン王の側近に、おそらくトトメスと呼ばれる人物がいた（これは当時のエジプトではありふれた名前である）[*2]。どんな名前だったかはそれほど重要でなく、このトトメス〔Tothmes〕に始まる名前の最後がモーセ〔-mose〕で終わっていたに違いないということが大切である。この人物は王朝の高官であり、アトン教の熱心な崇拝者であり、思案にふける傾向のあったファラオとは対照的に、活発で情熱的な人物だった。この人物にとっては、イクナートンの死とアトン教の廃止は、あらゆる希望を潰えさせるものだった。彼がエジプトで生き延びるためには、背教者となるか、信仰を守って法の保護を奪われるかしかなかった。

あるいはこの人物は国境近くの地域の知事として、その地域に数世代前から移住してきていたセム族の民族と接触した経験があったのかもしれない。希望を失い、孤立していたこの人物は、この異民族のもとを訪れて、自分が失ったものを再興しようとしたのである。彼はこの民族を自分の民として選び、この民のもとで自分の理想を実現しようとした。

この人物は、彼の理想に従う人々とともにエジプトを離れ、この民に割礼のしるしを与えて神聖な民とし、戒律を与え、エジプト人が廃止したばかりのアトン教の教義を学ばせたのである。このモーセという人物がユダヤ人たちに与えた戒律は、主であり教師であったイクナートン王の戒律よりもおそらく厳しいものだったのだろう。そしてそれまで守ってきたオンの太陽神への帰依も、放棄してしまったに違いない。

出エジプトからカナン定住まで

　この出エジプトの時期は、紀元前一三五〇年以降の空位の時代だったに違いない。カナンの土地が征服されるまでの期間については、わたしたちにはほとんど情報が与えられていない。聖書はこの闇の時期についてはほとんど語らず、ときにはなかった出来事を作りあげているが、現代の歴史的な研究から二つの事実が確認されている。一つはE・ゼリンが発見した事実であり、ユダヤ人がある日、指導者のモーセに反逆して、モーセを殺害し、以前のエジプト人と同じように彼に強制されたアトン教を廃絶したという事実である。聖書でもユダヤ人の民は頑固で、戒律を与えた指導者のモーセに服従しようとしない民として描かれているのである。

　また第二の事実は、E・マイヤーが証明したもので、エジプトから帰還してきたこのユダヤ人は後に、パレスチナ、シナイ半島、アラビア半島のあいだにある地域で、民族的に近い別の種族と合流し、水の豊富なその地カデシュで、アラブ系のミディアン人の影響のもとで、新しい宗教をうけいれ、火山の神ヤハウェを崇拝するようになったとされる。そしてこの後に征服者としてカナンに侵入する準備を整えたのである。

　この二つの出来事の時間的な系列と、エジプト脱出の時期との関係は、きわめて不確かである。次の歴史的な手がかりとなるのは、紀元前一二一五年まで在位したエジプトのファラオのメルネプタハの石碑である。シリアとパレスチナに遠征した戦争の記録を含むこの碑文には、征服民の一つに「イスラエル［イシラール］」という名が登場する。この石碑の年代をその終結の時点とみなすことができるならば、エジプト脱出に始まる出来事の全体の期間は、紀元前一三五〇年から一二一五年までのあいだのおよそ百年間とみられる。しかしイスラエルという名は、わたしたちがその運命を探索している民とは無関係かもしれない。すると実際にはさらに長い期間を見込むことが必要になろう。

カナンの地に後のユダヤ民族が住みついたのは、短期間の征服によってではなく、長い期間をかけて段階的におこなわれた出来事だったのかもしれない。メルネプタハ王の碑文を考慮にいれずに考えると、最初の一世代（三〇年）をモーセの時代とみなし[*3]、その後の少なくとも二つの世代（あるいはもっと多くの世代）を、カデシュでの合流の時期とみなすことができるだろう[*4]。

カデシュでの合流からカナンへの出発まではごく短期間ですむはずである。これまでの論文で検討してきたように、ユダヤの伝統には、出エジプトからカデシュでの宗教の創設までの期間を短縮したいと考える十分な根拠があるのである。しかしその反対に、この期間が長いのではないかと考えるのが、わたしたちの考察にとっては好都合な想定である。

二つの神

しかしこれらはすべて歴史の領域のことであり、わたしたちの歴史知識の空白部分を埋める試みであり、部分的には『イマーゴ』に発表した論文のくり返しにすぎない。わたしたちが関心を抱いているのは、モーセとその宗教の運命である。ユダヤ人の反乱のためにモーセは命を失い、この宗教も滅びたはずである。ところが紀元前一〇〇〇年頃に記録されたヤハウィストの報告は、それ以前の時期に書き留められたことに依拠しているのは確実であるが、この報告によるとカデシュで合流して新しい宗教が創設されるとともに、ある妥協がもたらされたのであり、この妥協から、なお二つの民が明確に区別できることが分かるのである。

片方の民にとっては、ヤハウェ神は新しい神でもよそよそしい神でもないと主張しながら、両方の民族がヤハウェに帰依することを要求するのが大切なことだった。もう一つの民にとっては、自分たちをエジプトから解放した指導者モーセの貴重な記憶を捨てるつもりはなく、モーセと脱エジプトという事件の両方を、新たに書き留められた太古の歴史のうちにうまく滑り込ませることに成功したのである。少なくとも目にみえるモーセの宗教の〈しるし〉である割礼を維持することができたし、新しい神の名前を使うことに、ある種の制約をもたらすことができたのである。

こうした要求を代表したのが、モーセの民の子孫、レビ人《びと》、そしてモーセとともにエジプトを脱出した人々からわずか数世代を下るだけであるため、いまだ生々しく残っていた記憶によってモーセへの追憶と結びついていた人々であったことは、すでに述べたとおりである。聖書の資料はこのヤハウィスト資料と、この資料と競合関係にあるのちのエロヒスト資料で構成される。どちらも詩的に粉飾された表現を採用しているが、それはどちらもいわば墓標のようなものだからである。

この墓標の下に、過去の出来事、モーセの宗教の性格、偉大な指導者であるモーセの暴力的な殺害などについての真相が、後の世代に知られないように、永遠の眠りについているのである。わたしたちのこれまでの事件の真相についての推測が正しいとすれば、モーセについての謎はもはや残されていない。こうして、ユダヤの民の歴史におけるモーセのエピソードは最終的に終結することになろう。

ヤハウェ神の信仰

興味深いことに、モーセのエピソードはこれで終わってしまうわけではなく、ユダヤの民族がモーセのもとで経験した出来事がもっとも強い影響力を発揮するのは、もっと後になってからのことなのである。数世紀を経た後に、現実のうちに次第にその影響が押し寄せてきたのである。そもそもヤハウェの性格がその周囲に住む民族や部族の神々と著しく違うものであるとは考えられない。ユダヤの民族が他の民族と争っていたように、ヤハウェは他の神々と争っていたのである。そして当時のヤハウェ神の崇拝者たちがカナン、モアブ、アマレクなどの民の存在を否定することがありえなかったように、これらの民が信仰している神々の存在を否定したことはありえなかったのである。

イクナートン王とともに輝きを発した一神教の理念は、その光を失うと、その後の長い期間にわたって闇の中にとどまることになる。ところでナイル河の第一瀑流のすぐ前にあるエレファンティネ島で発掘された興味深い資料から、この島に数世紀ものあいだ植民していたユダヤ人の軍事基地が存在していたこと、この基地にある寺院では主神ヤハゥとともに二柱の女神が祀られていたこと、その一柱の女神の名前はアナト・ヤハゥだったことが明らかになった。この地に住むユダヤ人は母国からは切り離されていたために、ユダヤ人の宗教的な発展そのものには加わっていない。後に前五世紀にペルシア王国が支配した段階で、イェルサレムの新しい信仰の掟が伝えられたのである。[*5]

さらに前にさかのぼってみると、ヤハウェの神はモーセの神とはまったく似ても似つかぬ神だったと考えることができる。アトン神は、地上における代表であり、じつはその元型でもあったファラオのイクナートンと同じように平和を好む神だった。そしてファラオのイクナートンは、それまでの代々の王が築きあげた世界帝国が滅亡するのを、ただ手をこまぬいて眺めていただけだったのである。新たに居住しようとするカナンの地を暴力的に征服しようとする民には、ヤハウェの方がふさわしい神だったのはたしかである。そしてこの未開の民には、モーセの神において崇敬されるべきであるとされていた事柄は、まったく理解しがたいことだったのである。

アトン信仰の復活

他の研究者の見解にも依拠しながらすでに指摘したように、ユダヤにおける宗教発展における核心的な事実は、ヤハウェ神が時間とともにほんらいの性格を失って、モーセの古い神アトンとますます似た性格をそなえるようになったことである。たしかにこの二つの神には違いがあり、一見するとその違いを重視したくなるものだが、その違いはすぐに説明できるような性格のものである。アトン神がエジプトで支配的な力をもち始めたのは、財産の所有が保証された幸福な時代であり、帝国が動揺し始めても、アトン神の信者たちは動乱を避けて、神の創造物を称え、これを享受しつづけたのだった。

ところが運命はユダヤの民にさまざまな困難な試練と苦痛な経験を与えた。このためユダヤの神は厳格で冷たく厳しく、陰鬱な神となったのである。ヤハウェはすべての国とすべての民族を支配する普遍的な神という性格を獲得したが、この神を崇拝する民がエジプト人からユダヤ人に変わったという事実は、ユダヤ人こそがこの神の選んだ民であり、この民は特別な義務を負う代わりに、最後には豊かな土地という特別な報酬を受けることができるという聖書の言葉に表現されている。

ユダヤ人にとっては、自分たちは全能の神に選ばれた民であるという信仰をもちながら、それでいて不幸な運命のもとで悲しむべき経験をしなければならないという事実を受け入れることは、容易ではなかったに違いない。しかし迷うことはできないのであり、神への疑いを抑えるためにもみずからの罪の意識を強めて、最後には「見極めがたい神意」というものを思いついたのである（現在でも敬虔な人々は同じ思考の道筋をたどるのである）。神が、アッシリア、バビロニア、ペルシアなどの暴虐な民族を次々と登場させてユダヤの民を屈服させ、虐待したことは不思議だと思えたとしても、それでもこれらの悪しき敵そのものもやがて征服され、その王国も消滅したことを考えれば、そこに神の力が認められるというものである。

結局はのちのユダヤのヤハウェ神は、三つの重要な点で、モーセの神と同じものとなった。第一のもっとも決定的な点は、ヤハウェは実際に唯一の神として承認され、この神に並ぶ神はほかには考えることもできなくなったことである。イクナートンの一神教を、ユダヤの民は強く信奉し、この民はこの一神教という理念に強く惹かれたために、この理念はユダヤ人の精神生活の内容の中心となり、ほかに関心を引くものがなくなったほどだった。

神がただ一人であるという理念においては、ユダヤの民と、民を支配するようになっていた祭司階級は一致していた。しかし祭司たちがこの神の崇拝のための儀礼を作りだす作業に専念しているうちに、民のうちに流れる強い潮流と対立するようになっていったのであり、この潮流こそが、神についてのモーセの教えのほかの二つの教え［儀礼や犠牲の否定と、真理と正義の生］をよみがえらせる結果となったのである。

預言者たちの声は、神を儀礼や犠牲によって崇拝してはならないと倦まず弛まず語りつづけ、神そのものを信じること、そして真理と正義のうちで生きることを奨励したのだった。預言者たちは、荒野における生活の単純さと神聖さを強調したのであり、彼らの言葉がモーセの理想の影響のもとにあることは間違いないのである。

ユダヤ人の神観念の形成

ところでユダヤ人の神観念が最終的に形成されるにあたっては、モーセの影響が必要だったと考えるべきなのか、それともモーセの影響なしでも、この観念が数世紀にわたる文化生活のうちで自発的に発展して高度の精神性にまで発達したと考えれば十分であるのかという疑問が生まれてくるので、この問題を検討してみよう。わたしたちのすべての疑問に答えるような説明を提示できるためには、二つの点を指摘する必要がある。

第一は、このような疑問は実は何も語っていないということである。同じように文化的な生を過ごしていた才能に富むギリシア人たちは、一神教を創設することはなく、多神教のくつろいだ雰囲気を好んだのであり、哲学的な思索を始めたのである。またエジプトでも、わたしたちの理解するところでは、一神教は帝国主義の副産物として誕生したのであり、唯一神は、制肘されることなく巨大な世界王国を支配するファラオの像を天上に描きだしたものだった。

これにたいしてユダヤの民の政治的な状況は、排他的な民族神の理念を普遍的な世界支配者に高めるには、きわめて不利なものだった。そうだとすると、偉大なる神がこの取るに足らぬ無力な国民をとくに優遇し、〈いとし子〉として選んだと大胆にも信じるにいたったのは、どのような理由によるものだったのだろうか。ユダヤ人において一神教がどのようにして成立したかという問題は、解くことのできないものとして諦められてきたか、あるいはこの民族の特別な宗教的な天才の表現であるという周知の答で満足されてきたのである。この天才という答えは理解しにくく、無責任なものであることは言うまでもない。ほかの答えがすべて否定されるまでは、この答えに逃げ込むのは避けるべきなのである。[*6]

第二にわたしたちは、ユダヤ人の記録した報告でも、歴史的な記述においても、この唯一神という理念が、モーセによってユダヤの民にもたらされたものであることが、いかなる自己矛盾もなしに、きわめて明確な形で主張されているという事実が示すものに注目する必要がある。この確信の信頼性について異議を申し立てることができるとすれば、それは現存の旧約聖書において祭司資料によって加筆された部分には、モーセの行為を根拠としている例があまりにも多いということにある。儀礼に関する規定やさまざまな制度は、明らかにのちの時代の加筆であるにもかかわらず、モーセが命じたものとされているが、それはこうした制度の権威を高めることを意図したものであるのは明らかである。

聖書との矛盾

これはたしかにわたしたちが疑念をもつ根拠となるものであるが、それを否定する十分な理由とはならない。こうした誇張がおこなわれた動機が明確に示されているからである。祭司資料の記述は、モーセの時代と、加筆がおこなわれた後代との連続性を確保することを目的としたものであり、わたしたちがユダヤの宗教史のもっとも顕著な事実として指摘した特徴を否定することを目指したものなのである。すなわち、モーセの与えた戒律と、後の時代のユダヤの宗教のあいだには大きな空隙が開いているのであり、この空隙はまずヤハウェ信仰によって埋められ、その後になってやっとゆっくりと塞がれていったのである。

祭司資料による加筆は、この空隙が埋められるプロセスを全力をもって否定しようとするものである。というのも、このプロセスが歴史的に根拠のあるものであることは、疑問の余地なく証明されているからである。聖書の原典に特別な処理を加えた際にも、このプロセスの存在を示す多数のデータがそのまま残されているのである。だから祭司資料による加筆は、新しい神ヤハウェを祖先の神であるかのように、事実を歪曲して描こうとする傾向と同じようなものなのである。祭司資料のテクストのこうした動機を考慮にいれるならば、実際にモーセがみずから、ユダヤ人たちに一神教の理念を教えたのだという主張を信じないでいるのは、困難なことである。わたしたちはこの一神教の理念をモーセがどこで学んだかは理解しているため（ユダヤの祭司たちはこれを知らなかったのだ）、この主張に同意するのはたやすいことなのである。

ここで、ユダヤの一神教がエジプト由来のものであることを示しても、それがいったい何の役に立つのかという疑問が提起されるかもしれない。このことが示されても、問題が一歩だけ前進したにすぎないのではないか、一神教の理念の発生についての新しい知識は獲得できないではないかと、問われるかもしれない。この疑問にたいしては、重要なのは新しい知識を獲得することではなく、研究することなのだと答えよう。それにこの理念の真の由来を確認できれば、何か新しいことが学べるかもしれないのである。

B　潜伏期と伝承

三つの類似した現象

わたしたちの仮説をまとめてみよう。モーセが実際に教えたことは、唯一なる神の理念、魔術的な儀礼の廃止、そして神の名による道徳的な要求の強調だった。当初はこれを信じるユダヤ人はいなかったが、長い年月の後に、この教えを信じる人々が現れ、最後には確固とした地位を獲得するようになったのである。このようにのちの時代になってモーセの教えが信じられるようになったのはなぜだろうか、これと類似した現象はみられないだろうか。

すぐに思い浮かぶのは、こうした現象はさまざまな分野ですぐにみつけられるものであり、分かりやすいかどうかは別として、さまざまなあらわれ方をするものだという事実である。たとえばダーウィンの進化論のような新しい科学理論の運命を考えてみよう。進化論は最初はきびしく拒否され、数十年のあいだは激しい議論の対象となっていた。しかしわずか一世代の後には、この理論が真理への大きな前進であることが認識されるようになったのである。ダーウィンその人にたいしても、ウェストミンスター寺院に墓所と銘板が設けられるという栄誉が与えられた。

しかしこうした事例を考えてみても、それで謎が解けるというものでもない。新しい真理は感情的な抵抗をもたらすものであり、この抵抗は議論となって表現される。こうした議論を通じて、最初は受け入れられなかった理論に好ましい証明をもたらすことができるようになる。異なる見解のあいだの闘いは、解決するまではある程度の時間がかかるものであり、最初は支持者と反対者が対立しているとしても、支持者の数とその重みが次第に強まり、最後には優勢を占めるようになる。この闘いの全体の期間をつうじて、何が争点であるかが忘れられることはない。このすべてのプロセスに長い時間が必要だとしても不思議なことではないし、これが集団心理学の一つのプロセスと結びついたものであることは、強調しても強調しすぎることはないだろう。

　個人の心的な生においても、同じような類似したプロセスをみつけだすのは困難ではない。ある人が新しいことを学んだとしよう。それは特定の証拠に基づいて、真理とみなすべきものだとしても、それがその人の多くの願望に反するものであり、その人にとって貴重な価値をもつ信念を傷つけるものだとしよう。その場合にはその人は逡巡するだろうし、新たに学んだことに疑問を表明できる根拠を探そうとするだろう。そしてしばらくは自分と闘った後に、こう告白することになるだろう。それを認めたくないし、それを信じなければならないことは自分にとっては辛いことではあるが、やはりそれは真実なのである、と。この事例が明らかにするのは、強い情動的な備給によって維持されている心的な異議を、その事柄を理解しようとする自我の営みによって克服するまでは、かなりの時間が必要であるということである。ただし個人の心的なプロセスと、わたしたちが理解しようとしている事柄は、それほど類似しているわけではない。

次にあげる実例とわたしたちが考察している問題の類似点はさらに小さいようである。たとえばある人が、鉄道の衝突事故のような恐ろしい出来事を経験したが、一見すると無事にその場を立ち去ることができたとしよう。ところが数週間たってこの人は一連の重い心的な症状と運動にかかわる症状を起こしたのだった。この症状の原因は、事故の際のショックか、恐怖か、その場で経験した何ものかであるとしか、説明することができない。これは「外傷性神経症」と呼ばれる症状であって、これまでまったく理解されていない新しい症状である。事故が起きてから最初の症状が発生するまでの期間は、「潜伏期」と呼ばれているが、この用語が伝染病理学の術語を借りたものであるのはすぐに分かるはずである。

ところでふり返って考えてみると、この外傷性神経症とユダヤの民の一神教は基本的に異なるものでありながら、ある一点において共通している。それは潜伏とも呼べる特徴である。わたしたちが確信している仮説によると、ユダヤの宗教史においては、モーセの宗教が没落した後に、一神教の理念、儀礼の価値の否定、道徳的な要素の強調というモーセの宗教の重要な特徴が完全に消滅していた長い期間が存在するのである。そこでわたしたちの問題を解決するためには、特別な心理学的な状況を考察する必要があるのではないかと考えられるのである。

伝承と文書

すでにくり返し指摘したように、のちにユダヤ民族となる二つの集団が、新しい宗教を受け入れるために、カデシュに集まったのであった。出エジプトを経験した集団にとっては、エジプト脱出とともに、モーセの記憶がまざまざと強く残されていたので、太古の歴史を語る文書にこの記憶を残すことを求めたのだった。

この集団の人々は、モーセをじかに知っていた人々の子孫だったのだろうし、自分をエジプト人とみなして、エジプト風の名前を名乗っている人々もいたのである。しかしこの集団の人々にも、指導者であり、戒律を与えた人物でもあるモーセに、自分たちが与えた運命についての記憶を抑圧したいと考える動機があった。またもう一つの集団の人々にとっては、新しい神を崇敬しながら、それが見知らぬ神であるという特徴を隠蔽したいという意図が決定的な意味をもっていた。

どちらの集団も、かつては別の宗教を信仰していたのであり、その内容についても否定することに利益を感じていたのである。そこで最初の妥協が成立して、それがおそらく文書として記録されたのだろう。出エジプトを経験した人々は文字を知っていたので、歴史記述を残したいという欲望を感じていたのだろう。しかし歴史記述というものは、仮借ないまでに真実を記載する義務があるものであることが認識されるまでは、まだ長い時間が必要だったのである。

当初は、自分たちの必要性と好みに基づいた歴史的な報告を作りだすことに、良心の咎めは感じなかったのだろうし、まだ歪曲などという概念も思い浮かばなかっただろう。このために文書に記載された事柄と、同じ内容を伝えた口頭の伝承とのあいだに矛盾が生じることになった。文書において省略されたことや改変されたことも、伝承においてはそのままで維持することができたのである。だから伝承は歴史記述を補足するものであり、同時にこれに矛盾するものであった。伝承は事実を歪めようとする傾向にはほとんど影響されず、多くの場所で歪曲から免れており、文書で記録された報告と比較して、真実なものであることが多かった。

しかし伝承は文書よりも不安定で不確かなものであり、ある世代から次の世代へと口伝えで伝承されるあいだに、さまざまな形で修正され、変形されることが多かった。そのため信頼性は低かった。こうした伝承はさまざまな運命を経験する。何よりも伝承は文書に敗北し、文書と同じ資格で存在することができずたえず影のような存在となり、ついには忘れ去られたと考えることができる。しかしもっと別の運命をたどることもある。伝承そのものが最後には文書に記録されることもあるだろう。その他の伝承の運命については、これから検討していくつもりである。

潜伏の謎

ここで検討しているユダヤの宗教史における〈潜伏〉という現象については、いわば正式な歴史記述からは意図的に否定された事実や内容が、実際には失われてはいなかったことによって説明することができる。こうした事実や内容についての情報は伝承のうちで伝えられたのであり、伝承は民衆のうちで生きつづけたのである。E・ゼリンが主張するところでは、モーセの死についても異なる伝承が存在しており、この伝承は公的な記録とは矛盾するものであるが、真実に近いのだという。表向きはモーセの死とともに消滅したとみられるモーセの宗教の多くの内容についても（これはモーセにつきしたがった人々には受け入れがたいものだった)、同じことがあてはまるだろう。

しかしわたしたちがここで直面する注目すべきことは、こうした伝承が時とともに消滅していくのではなく、数世紀を経た後に、ますます強い力をそなえるようになり、ついにはのちの公的な記録の改訂のうちに姿をみせるようになったという事実である。こうした伝承はユダヤの民の思考と行動に決定的な影響を与えるほどの強さを示すようになったのである。しかしこのような成り行きがどのような条件のもとで起こりえたかは、まだわたしたちには知りようもないことである。

この事実は非常に注目に値するものであるために、これについて新たに検討してみる価値がある。わたしたちが検討している問題の鍵はここに潜んでいるのである。ユダヤの民はモーセから与えられたアトン神の宗教を投げ捨てて、近隣の民族の信じていた神バールとそれほど違いのない神ヤハウェを信仰するようになった。のちの世代は、この恥ずべき事実を隠蔽しようとさまざまな試みをおこなったが、無駄であった。しかしモーセの宗教は痕跡も残さずに消滅したわけではなく、ある種の追憶が保存され、おそらくねじまげられたぼんやりとした伝承として残ったのである。

そして偉大なる過去についてのこの伝承が人々の背後から働きつづけたのであり、人々の心にますます強い力を働かせるようになり、ついにはヤハウェの神をモーセの神に変えることに成功したのである。このようにして数世紀も前に信仰され、のちには見捨てられていたモーセの宗教が、ふたたび蘇生するにいたったのである。はるか昔の伝承が、民族の精神生活にこれほどの力を及ぼしたというのは、わたしたちに馴染みの考え方ではない。というのもわたしたちが考察しているのは集団心理学の分野であって、わたしたちはこうした考え方にあまり馴染みを感じていないのである。もっと他の分野において、同じような事例、少なくとも類似した事実の実例を探すことにしよう。こうした実例はみつかるはずなのである。

叙事詩

ユダヤ民族においてモーセの宗教の復活が準備されている頃のことであるが、ギリシアの民族はきわめて豊富な系譜伝説や英雄神話を所有していた。紀元前九世紀か八世紀の頃に、この伝説の世界から、ホメロスの二つの叙事詩［『イーリアス』と『オデュッセイア』］が成立したと考えられている。現在の心理学的な洞察をもってすると、シュリーマンやエヴァンズに先立って、次の問いを提起することができるはずである。ギリシア人たちは、ホメロスやアッティカの偉大な悲劇作家がその傑作において扱った伝説の資料を、どこで手にいれたのだろうか。

この問いには次のように答えられるだろう。ギリシア民族はその前史において、きわめて輝かしい文化的な繁栄の時期を経験していたに違いない。しかしこの繁栄は歴史的な災厄のうちに滅びてしまい、こうした伝説のうちに、おぼろげな伝承として古典期のギリシアに伝えられたに違いない、と。

ところでこうした推測は以前であればあまりに大胆な仮説として退けられただろうが、考古学的な研究によって、この推測は裏づけられているのである。現代の考古学的な調査によると大規模なミノア・ミケーネ文明がギリシア本土に存在していたのであるが、この文明は紀元前一二五〇年以前に滅びてしまったことが確認されている。古典期のギリシアの歴史家のうちには、これについて指摘した歴史家はいない。クレタ人がエーゲ海の制海権を掌握していた時代があることを示す記述があり、ミノス王の名前と王宮のラビュリントスの名前があがっているだけである。これが歴史的な記述のすべてであり、ほかには詩人たちが書き残した伝承を除くと、この文化について語るものは何も残されていないのである。

民族叙事詩はほかの民族でも知られており、ドイツ人、インド人、フィン人の叙事詩が残されている。これらの叙事詩の発生にあたって、ギリシアと同じような状況が存在していたかどうかを調べるのは、文学史家の仕事である。ただしこれを調べてみれば、同じような状況が存在していたことが確認できるはずである。叙事詩の発生のための条件としてわたしたちが確認しているのは、ある前史が存在していること、この前史はその後にさらに内容が豊富で、重要で、大規模で、さらに英雄的な文明へと発展したのであるが、これが非常に遠い過去のことであるため、のちの人々は不確かで不完全な伝承のうちでしか、この文明についての情報をえることができなかったということである。

この叙事詩という文学のジャンルがやがて消滅してしまうことは不思議に思われてきた。その理由はおそらく、叙事詩の成立のための条件がもはや存在しなくなったことから説明できるだろう。古い素材はすでに使い尽くされてしまったし、のちの時代に起きた出来事は伝承ではなく、歴史的な記述が説明するようになる。きわめて英雄的な行為も、叙事詩にインスピレーションを与えることは、こんにちではできなくなったのである。アレクサンドロス大王はかつて、彼の時代にはもはや一人のホメロスもみつからないだろうと嘆いたが、これは正しいのである。

遠く過ぎ去った時代は、人類の空想を魅惑するものであり、この魅惑は謎めいたものになることが多い。人類は同時代に不満を感じると（しかも不満を感じることはごく頻繁に起こる）、遠い過去に赴くのであり、消滅することのない黄金時代がほんとうに存在したことを夢見るのである。[*7] おそらく人々はまだ幼年時代の魔法にかかったままなのかもしれない。幼年時代は、偏りのある追憶のために、妨げられることのない至福の時代であるかのように思われるのである。

過去からは、伝承と呼ばれる不完全でぼんやりとした追憶が生まれるだけであり、これは芸術家に強い魅力を発揮することになる。芸術家は追憶のうちに存在している隙間を、自分の空想の赴くままに埋めることができ、再構成しようとする時代を自分の望むとおりに組み立てることができるからである。だから伝承が不確かなものであればあるほど、詩人にとっては使いやすいものとなると言ってもよいだろう。

文学における伝承の重要性は説明するまでもないだろう。そして叙事詩の条件とのアナロジーによって、ユダヤ人においてヤハウェ神の礼拝が古いモーセの宗教へと変容していったのは、モーセの伝承の力によるものだという風変わりな仮説を採用したくなるのである。ところでユダヤ人の信仰の変容と叙事詩とのあいだには、まだ大きな違いが残されている。叙事詩から生まれたのは文学であるが、ユダヤ人のもとで生まれたのは宗教である。そしてユダヤ人の宗教については、伝承の力で忠実に再現されたと想定した。ところが叙事詩の場合には、これに該当するものを示すことができないのである。ここにまだ解決できない問題が残されているのであり、もっとふさわしいアナロジーを利用することが望ましいのである。

C　アナロジー

神経症のトラウマ

わたしたちがユダヤの宗教史において確認した注目すべきプロセスを説明するために利用できる唯一の十全なアナロジーは、一見するとまったくかけ離れた分野にみいだすことができる。このアナロジーは完璧なものであり、ほとんど同一だと言えるほどである。この事例においても、潜伏の現象や、理解できず、説明を要する症状が時間をおいて発現するという現象や、さらには昔の経験が忘却されていたという条件にであうのである。これに強迫という性格までがつけ加わり、論理的な思考を押し退けてまで、精神に迫ってくるのである。これは叙事詩の発生の考察ではとりあげられなかった特徴である。

このアナロジーは、人間における神経症の発生について、精神病理学において確認されるものであり、個人心理学の領域に属する現象である。ところで宗教的な現象はもちろん集団心理学に属するものである。しかしこのアナロジーは、一見したほど意外なものではなく、ある想定に合致するものであることが、すぐに明らかになるはずである。

神経症の病因としてとくに重要なのが、過去において経験したものでありながら、忘れられている印象であり、こうしたものをトラウマ（心的外傷）と呼ぶ。神経症の病因が一般的にトラウマ的なものとみなすことができるかどうかは、ここでは検討しない。すぐに提起される異議として考えられるのは、神経症の個人の前歴からは、すべての事例でかならず明確なトラウマが確認されるわけではないという主張だろう。

トラウマ的な事例

ここで問題になっているのは、誰もが経験するものであり、どの人も正常な反応によって処理しているような体験や要求にたいして、普通でない異常な反応を示す人がいるのはどうしてなのかということである。神経症の患者たちが示すこうした異例な反応を、遺伝的な素質や体質的な素質に頼らずに説明できない場合には、神経症は後天的に獲得したものではなく、内部から発達してきたものだと主張したくなるのは、十分に理解できることである。

これに関連して次の二点を指摘しておきたい。第一の点は、神経症の発生はどこでも、またいつでも、ごく早期の幼児期の印象によって生まれるものだということである。[*8] 第二の点は、「トラウマ的」と呼べる事例が存在するのは確実だということである。幼児期の早い段階で、一回または複数回にわたって、明確に強い印象を受け、その印象が正常な形で処理されなかったことが影響して、トラウマになっているのは確実な事例があるからである。その印象を受けていなかったならば、神経症が発病することもなかったと考えられるのである。

ところでわたしたちが求めているアナロジーをこのトラウマ的な事例だけに限定しなければならないとしても、わたしたちの意図には十分なのである。しかしこのトラウマ的な事例と、内的な神経症の事例はまだ統一的には理解されていない。たしかに両方の症例の病因的な条件を統一することはできる。問題なのは、何をトラウマ的なものと定義するかということである。ある経験がトラウマ的な性格をおびるのは、量的な要因だけによるものであり、すべての事例において要求の過剰に責任があるのだとしよう。そして何らかの経験が、異常で病理的な反応を引き起こすのだと想定しよう。そうだとすれば、ある素質ではトラウマ的な作用を示すのに、別の素質ではこうした作用を引き起こさないことが、すぐに理解できるようになる。

さらにここには、いわゆる補足系列とでもいう自在な系列が存在すると考えることができる。この系列では二つの要因が重なって病因となるのであり、片方が不足した場合には、他方が過剰になってそれを補うのである。そして単純に動機について語りうるのは、この系列の末端においてだけであり、一般にはこの二つの系列が共同して働くと考えるのである。この考え方によると、トラウマ的な病因とトラウマ的でない病因の違いは、わたしたちが求めているアナロジーにとっては本質的ではないものとして無視することができる。

重複するおそれが大いにあるが、ここでわたしたちに重要なアナロジーを含んでいる事実をまとめておくのは適切なことだろう。すなわち、わたしたちの研究のために確認されたのは、わたしたちが神経症の現象（症状）と呼んでいるものは、特定の体験や印象がもたらした結果であり、そのためにこうした体験や印象を、病因となるトラウマと呼んでいるのである。ここでわたしたちは次の二つの課題に直面している。一つは、これらの体験に共通する特徴をとりだすこと、もう一つは神経症の症状に共通した特徴をとりだすことである。これらの課題を遂行するにあたって、ある程度の図式化を避ける必要はないだろう。

補足一

トラウマの三つの特徴

A　こうした神経症の患者のトラウマは、どれも五歳頃までの幼い時期にうけたものである。幼児が言語能力を獲得し始める時期にうけた印象はとくに興味深いものである。二歳から四歳の時期がもっとも重要と思われる。感受性が高まる時期が出生後のいつごろに始まるかは、確定できない。

B このトラウマとなる経験は原則として完全に忘れられている。それは幼児期の記憶喪失の時期にあたっているために、記憶されないのである。ところがこうした記憶喪失は、個々の記憶の残滓、とくに隠蔽記憶によって補われて、記憶が呼び戻されるのである。

C この経験は攻撃的で性的な意味をもつ印象によるものであり、自我の早期の損傷(ナルシシズム的な傷)によるものである。また注目すべきことに、幼児は成長した後の時期とは違って、性的な振る舞いと純粋に攻撃的な振舞いをそれほど明確に区別することができない(性的な行為をサディズムとして誤認する)。性的な要素の優位はもちろん非常に目立つものであり、理論的に評価する必要がある。

生後五歳までの早期の経験、その忘却、性的かつ攻撃的な内容というこれらの三つの要素はどれもたがいに密接に結びついたものである。トラウマとなるのは、自分の身体にうけた経験であるか、見たり聞いたりした知覚的な印象である。これらは実際の経験であるか、うけた印象であるかのいずれかなのである。これらの三つの要素の結びつきは、精神分析の成果によって理論的に確立することができる。精神分析の研究だけが、忘れてしまった経験についての知識をもたらすことができるのであり、正確な言い方ではないが、はっきりと言えば、これを記憶に呼び戻すことができるのである。

通俗的な理解とは反対に、精神分析の理論では、人間の性生活は、あるいは成人してからの性生活に相当する活動は、ごく早い時期に開花し、ほぼ五歳でこの段階がひとまず終了するとみなしている。その後は思春期にいたるまで潜伏期がつづく。潜伏期においては人間の性的な活動はまったく発展せず、獲得されたものも後退してしまうのである。この理論は、内性器の成長についての解剖学的な研究からも裏づけられている。

この研究によると人間は、五歳で性的に成熟する動物の種から進化してきたものと推測される。性的な生がひとたびは遅らされ、後の段階で二度目の始まりを経験することは、人間の形成の歴史ときわめて密接に関連したものではないかと考えられる。

人間は動物の種の中では、こうした潜伏や性的な発展の遅れがみられる唯一の種ではないだろうか。この理論を検討するには、霊長類の研究が不可欠であろうが、こうした研究はわたしの知るかぎりではおこなわれていないようである。

心理学的には、幼年期の記憶喪失が、この性的な活動の早期の開花期と一致していることは、意味のないことではないはずである。おそらくこの状況が、神経症の発病の現実の条件となっているのであろう。神経症はある意味では人間の〈特権〉であり、この点において原始的な時代の名残（遺物）ともみられるのである。人間の身体を解剖してみると、もはや使われない名残のような器官が存在しているのと同じである。

補足二

トラウマの二つの作用

神経症の現象に共通する性質または特殊性としては次の二点があげられる。

A　トラウマの作用には、積極的な作用と消極的な作用の二種類がある。積極的な作用とは、トラウマにふたたび力を与えようとする試みであり、忘れてしまった経験を思いだそうとするものである。言い換えれば、トラウマを現実的なものとし、これを反復して新たに経験し直そうとするものである。それが幼い時期の感情関係にかかわるものである場合には、別の人物とのあいだで、同じような感情関係を復活させようとする試みとなる。こうした試みは、トラウマへの固着または反復強迫と呼ばれる。

こうした試みが正常な自我のうちにうけいれられた場合には、それは自我の永続的な傾向となって、その人物の不変の性格を作りだすものである。しかしその経験の本当の根拠、その歴史的な起源は忘れられているのであり、忘れられているからこそ、自我によってうけいれられるのである。たとえば幼年期を過度の母性愛のうちで過ごしていたが、今ではそのことを忘却している男性は、一生をかけて頼ることができ、養ってくれ、自分の力になってくれる女性を探し求めつづけるだろう。幼児のときに性的な誘惑の対象となったことのある少女は、成長してからの性生活において、こうした攻撃を挑発するようになってしまう。この洞察から、たんなる神経症の問題だけでなく、人間の性格形成についての理解を深めることができることは、すぐに分かることである。

消極的な作用は、積極的な作用とは反対のことを目指す。忘れてしまったトラウマについて何も思いださず、何も反復しないことを目的とするのである。これは防衛反応と総括することができる。この反応は主として回避として表現されるが、これが抑止や恐怖症にまで高まることもある。この消極的な作用も、性格の特徴を決定する上で強く寄与する。基本的に消極的な作用は、積極的な作用と同じようにトラウマに固着するが、その意図が積極的な作用とは正反対であるにすぎない。

狭義の神経症の症候は、トラウマのために発生したこの積極的な作用と消極的な作用がたがいに歩み寄って作られた妥協の産物と考えることができるのであり、積極的な作用が顕著になることも、消極的な作用が顕著になることもある。この二つの反応が対立することで、さまざまな葛藤が引き起こされ、ふつうの方法ではこの葛藤を解消できなくなる。

トラウマの強迫的な性格

B　これらのすべての現象、すなわち自我の拘束や恒常的な性格変動などの症候は、強迫的な性格をそなえているのであり、心的な強度が高まると、他の心的なプロセスの編成とはほとんど独立して表現される。その他の心的なプロセスは、現実の外界の要求に適合して、論理的な思考の法則にしたがうが、こうした症候は、外的な現実にはまったく、あるいはほとんど影響されず、現実にも現実の心的な代理にも顧慮しないために、こうした現実と積極的に矛盾することになりやすい。まるで国家の中に別の国家があるようなものであり、近づくことができず、共同作業に利用することもできない独立した党派が存在するようなものである。そしてこの党派は、その他の（いわゆる）正常な党派を克服して、自分のために奉仕させることに成功するのである。こうなってしまうと、精神の内的な現実が、外界の現実を支配するようになり、精神病への道が開かれる。そうならないまでも、この状況がその人にとってもつ実際的な意味はきわめて大きいものとなる。神経症に支配されている人物の生活の困難と生活能力の欠如は、人間の社会においても非常に重大な要因である。こうした人物においては、過去の早期の断片への固着が直接に表現されているのである。

神経症的な潜伏

それではこれまで検討してきたアナロジーにおいてとくに興味深い意味をそなえて

いた潜伏との関係はどのようなものであろうか。幼児期にトラウマを経験すると、その直接の結果として、神経症的な発作が起こることがあり、さまざまな症候を示しながら、防衛のための試みとして幼児神経症が発病する。その神経症は長期間にわたって持続し、顕著な障害を引き起こすことがあるが、潜伏したままで、見逃されることもある。この神経症においては原則的に防衛が支配的になるが、いずれの症状でも、身体的な傷跡の形成と同じような自我の変貌が発生する。

幼児神経症が中断されずに、成人の神経症に直接につながることは稀である。幼児神経症はある期間は中断されて、その後は一見したところいかなる障害も存在しないかにみえる時期がつづくほうがずっと多い。この中間的な時期は、生理学的な潜伏によって支えられているか、あるいはこうした潜伏によって可能となる。そして後の段階になってから変化が発生し、トラウマの遅延された作用として、最終的に神経症が発病する。

神経症が発病するのは思春期を迎えた頃か、思春期よりもしばらく後になってからである。思春期に発病するのは、身体的な成熟によって欲動が強まり、それまでしたがっていた防衛のメカニズムと闘い始める場合である。思春期よりも遅れて発病するのは、防衛によって形成された反応と自我の変貌が、成人して迎えた新しい生活の課題を解決するために邪魔になってきた場合である。その場合には現実の外界の要求と自我のあいだに深刻な葛藤が発生し、自我は防衛のための闘いのうちで苦労して獲得した体制を維持しようとするのである。

このように一般にトラウマにたいする最初の反応と、その後の神経症の発病のあいだには、神経症の潜伏という現象が発生する。この神経症の発病は同時に、主体による治癒の試みとみなすことができる。トラウマの影響のために分裂していた自我の部分が、残りの部分と和解して、外界に抵抗できるような強力で一体的な自我へと統合されることを試みるのである。しかしこの試みが成功することは稀であり、精神分析の助けを借りても、つねに成功するとはかぎらない。そして結局は、自我が完全に荒廃し、分裂してしまうか、以前に分裂していて、トラウマに支配されていた自我の部分が、自我の全体を圧倒することになってしまうことが、あまりに多いのである。

読者に納得していただくためには、多数の神経症の患者の生活史を詳細に説明する必要があろう。しかしこの問題は困難であり、しかも多岐にわたるものであるために、詳細に説明していたのでは、この論文のほんらいの目的を完全に放棄せざるをえなくなろう。そして この論文は神経症の理論にかんする論文になってしまい、精神分析の研究と実行を生計の手段としているごく少数の人々の関心しか集めなくなってしまうだろう。

この論文はもっと広い読者層を対象としたものであるため、これまでかんたんに説明してきた内容が、当面は説得力のあるものと認めていただくよう、お願いするしかない。わたしとしても、自分の説明で読者を完全に納得させることができないことは分かっているのであり、読者がわたしの提示した証拠が正しいと判断した場合だけに、これを容認してくださるものと、想定するしかないのである。

少年の症例

このことを前提として、神経症についてこれまで説明してきた多くの奇妙な特徴が明確な形で表現されているある症例について説明しよう。もちろん一つの症例ですべてのことを示せると期待すべきではないし、わたしたちが求めているアナロジーとはかけ離れたものであったとしても、失望すべきではない。

この症例は、小市民の多くの家庭でみられるように、生後の数年間は両親の寝室で寝かされていた少年の事例である。そしてまだ言語能力が発達しない時期に、頻繁に、あるいは定期的に両親の性的な交わりを観察する機会をもち、多くのことを目撃し、耳にしていたのである。この子は成長して、最初の自発的な夢精の直後に神経症を発病したが、その症候のうちでごく早期に発生し、しかももっとも長引いたのは、睡眠障害であった。

少年は夜間の物音に異常なほどに敏感になり、ひとたび目が覚めると、もはや眠りにつくことができなくなったのである。この睡眠障害が妥協症候であるのは確実である。幼児の頃に経験した夜間の出来事にたいして防衛しようとするとともに、この出来事を盗み聞きしていたときの印象をとりもどすために眠らずにいようとするのである。

この少年は幼児の頃に観察した両親の性的な交わりが原因となって、攻撃的な男性的な傾向を発展させており、自分の小さなペニスを手で刺激したり、母親にさまざまな性的な攻撃をしかけたりした。これは父親との同一化の試みであり、少年は父親の立場に立とうとしていたのである。これがしばらくつづいた後に少年は母親から、ペニスに触れることを禁じられ、「お父さんに言いつけますよ、そうしたらお父さんはおちんちんを切ってしまいますからね」と脅されたのである。

この去勢の脅しが少年に異例なほどに強いトラウマ的な作用を及ぼした。そして少年は自分の性的な活動を放棄し、自分の性格を変えたのである。そして父親と同一化するのをやめて、父を恐れるようになり、父親にたいして受動的な態度をとるようになった。そしてときどき質《たち》の悪いいたずらをして父親を挑発し、身体的に折檻《せっかん》されるようにしむけた。この折檻は少年にとって性的な意味をもつものだったのであり、罰をうけながら少年は、虐待されていた母親と同一化することができたのである。少年はますます強い不安をもって母親にすがりつくようになり、母親の愛なしでは一刻も生きることができないかのようだった。母親の愛のうちに少年は、父親による去勢の脅しからの保護をみいだしたのである。このように修正されたエディプス・コンプレックスのもとで、少年はほぼ障害を示さずに潜伏期を過ごした。お手本のように良い子であり、学校でも成績は良かった。

ここまではトラウマの直接的な作用を追跡し、潜伏という事実を確認してきた。

神経症の発病

思春期を迎えると、はっきりとした神経症が発病し、神経症の第二の主要な症候である性的な不能があらわれた。ペニスの感覚が失われ、ペニスに触れようともせず、性的な意図をもって女性に近づくこともなかった。患者の性的な活動は、サディズム的／マゾヒズム的な空想をともなう精神的なオナニーにかぎられるようになった。この空想のうちに、幼児の頃に目撃した両親の性的な交わりの影響をみいだすのは困難なことではない。

思春期になって、男性的な傾向が強まると、それは激しい父親憎悪と父親への抵抗として表現された。この父親憎悪は無分別で極度の自己破壊にまでいたるほど強いものであり、患者の人生における失敗と、外界との葛藤を引き起こした。患者は職業においても失敗したが、それは父親から強制的にその仕事につかされたからだった。友人といえる人もいなかったし、上司との折りあいも悪かった。

こうした症状と無能力に苦しめられていたこの患者は、父親の死後になってやっと結婚相手をみつけることができた。しかし彼の本質の核心であるかのように、性格的な特徴が表面化し、周囲の人々にとっては彼とつきあうのはきわめて困難なことになってしまった。まったくのエゴイストであり、横暴で残酷な性格を示したのである。彼にとっては他人を抑圧し、いためつける必要があったのである。

それは彼が記憶のうちで作りあげていた父親のイメージの正確なコピーだった。患者は、幼児のときに性的な動機から父親との同一化をおこなっていたのだが、その同一化がこうして反復されたのである。ここにわたしたちは、抑圧されたものの回帰の実例をみることができる。トラウマの直接の作用や潜伏の現象とともに、この回帰こそは、わたしたちが神経症の本質的な特徴として記述してきたものである。

D 応用

原父の横暴

幼児期におけるトラウマ、防衛、潜伏、神経症の疾患の発生、抑圧されたものの部分的な回帰。わたしたちが神経症の発達を説明するために採用したのは、こうした図式である。ここで読者には、さらに一歩を進めて、個人の生活において発生したことが、人類の生活においても発生したと想定していただくようお願いしたい。人類においても、性的で攻撃的な内容をもった出来事が発生したのであり、それが永続的な影響をもたらしたのである。この出来事は最初は防衛され、忘却されたが、長い潜伏期の後に作用をもたらすと、構造においても傾向においても、神経症の症候と類似した現象が発生したのである。

わたしたちは、人類におけるこうした出来事の存在を指摘できると考えている。そして宗教的な現象とは、こうした出来事の症候的な帰結にほかならないことを示したいのである。進化という観念が登場してからは、人類の歴史にも前史があることを疑う人はいなくなった。この前史は知られていないもの、すなわち忘却されたものであるために、こうした結論はほとんど公準にちかい重みをそなえているのである。実際に発生したものの忘却されていたトラウマが、個人の場合と同じように人類の生活にもかかわりのあることが確認された場合には、これまでの説明では予想されておらず、必要とされてもいなかった補足的な説明として、きわめて望ましい結果として歓迎されるのである。

わたしはこうした主張をすでに二五年も前に『トーテムとタブー』（一九一二年）の

うちで述べてきたのであり、ここではそれをくり返すだけで十分であろう。わたしの構想は、チャールズ・ダーウィンの主張に依拠するものであり、それにJ・J・アトキンソンの推定をつけ加えたものである。それによると、原始時代には原始人は小さな群れに分かれて暮らしていたが、この群れは一人の力の強い雄《オス》によって支配されていた。この時代の年代を示すことはできず、既知の地質学的な年代に繰り込むことはできない。おそらく人間の言語がまだそれほど発達していない段階だったとみられる。この構想のもっとも重要なところは、ここで記述する運命がすべての原始人に、すなわちわたしたちのすべての祖先にふりかかったのだと想定するところにある。

歴史の記述はただの一回だけ起きた出来事であるかのように、きわめて凝縮して語られるものであるが、実際には数千年の期間にわたって発生したものであり、この長い期間にわたって、無数に反復されてきたものである。この強い雄は、群れの全体の支配者であり、父親であった。雄は自分のもっている力を邪魔されずに振るうことができ、それを暴力的に行使したのだった。すべての雌《メス》はこの雄の所有物であり、この雄は自分の群れの中の妻や娘たちだけでなく、他の群れから奪ってきた雌も、自分のものとしていただろう。

この父親の息子たちの運命は過酷なものだった。父親の嫉妬心を刺激すると、殴り殺されるか、去勢されるか、群れから放逐されたのである。息子たちは別の小さな共同体のうちでまとまって暮らし、妻は他の群れから奪ってくるように命じられていた。ときには息子たちのうちには、やがて最初の群れにおける父親と同じような地位にまで登りつめることに成功した者もいた。ところで自明な理由から、年少の息子たちは例外的な地位を与えられていた。幼いために母親の愛に守られ、父親の老衰を活用して、父親の死後にはやがて群れを支配する雄の地位につくことができたのである。さまざまな伝説や童話のうちには、こうした年長の息子の追放と、年少の息子の優遇の物語を、あたかも残響のように聞き分けることができる。

父親殺し

これが人類の最初の「社会的な」体制だったとすると、これを変革するための次の決定的な段階は、追放されて別の小さな共同体のうちに暮らしていた息子たちがまとまって力を合わせて父親を打倒した行為である。息子たちはその当時の倫理的な風習にもとづいて、生のままで父親の肉を食べ尽くした。この食人行為(カニバリズム)

に反感をもつ必要はない。もっと後代にいたっても、よくおこなわれている行為なのである。

それよりも重要なのは、現代の未開人である幼児においても、この原始人と同じような感情が存在していることが、精神分析によって確認されているという事実である。幼児は父親を憎悪し、恐れるだけでなく、父親を手本として尊敬しているのであり、息子たちは実際には誰もが、父親に取って替わることを望んだのである。このカニバリズムの行為は、父親の身体の一部を体内に取り入れ、父親との同一化をさらに確実なものとしようとする試みとして理解することができる。

社会契約

父親を殺害したあとに、兄弟たちが父親の遺産をめぐって争う期間が長くつづいたと考えることができる。誰もが、父の遺産を自分だけのものにしようとしたのである。しかしやがて、こうした争いは危険で空しいものであることが認められ、共同で力を合わせて父親の支配から解放されたことへの記憶が育ってきた。父親から追放されていた時代に感情的な結びつきが生まれていたことなどから、やがて息子たちのうちに合意が生まれ、ある種の社会契約が結ばれるにいたったのである。こうして欲動が断念され、たがいに義務を負うことが承認され、特定の制度が設立されて、それが不滅で神聖なものであることが宣言された。このようにして社会的な組織の最初の形式が誕生し、これに伴って道徳と権利も誕生したのである。すべての息子たちは、自分が父親に取って替わって母親と姉妹を独占するという理想を放棄した。こうして近親姦のタブーと外婚制の掟が定められたのである。

ところが父親を排除したことで解放された絶対的な権力のかなりの部分は女性のもとに移行し、母権制の時代が訪れる。父親の記憶はこの「兄弟同盟」の時代にもなお生きつづけていた。そして父親の代替物として、強い動物、おそらく最初はひどく恐れられていた動物が［トーテム動物として］選びだされた。父親の代わりに動物を選択するのは奇妙なことに思えるかもしれないが、人間と動物が明確に違う存在だと考えられるようになったのは後代になってからのことであり、未開人はこのような違いなど知らなかったのである。そして現代の子供たちもこうした区別を知らないのであり、わたしたちは精神分析によって、子供の動物恐怖は父親への不安であることを理解できたのである。

このトーテム動物との関係のうちには、父親との感情的な関係に原初的にみられる両義的な感情（アンビヴァレンツ）がそのまま保たれている。トーテムは一方では、血のつながる祖先であり、氏族（クラン）の守護神とみなされ、尊敬し、大切にすべきものとされた。そして他方ではある祝宴の日が定められていて、その日にはトーテム動物にかつての原父と同じ運命が準備されていた。このトーテム動物は氏族のすべての成員によって殺されて、食い尽くされたのである（ロバートソン・スミスによると、これはトーテム饗宴と呼ばれる）。実はこの祝宴の日は、かつて息子たちが協力して父親に勝利を収めたことを祝う凱歌の祭だったのである。

神々の登場

宗教はこれにどう関係してくるのだろうか。わたしたちは宗教との関連については、トーテミズムにおいては父親の代替物であるトーテム動物が崇拝されること、トーテム饗宴は父親にたいするアンビヴァレントな感情の存在を証明するものであること、トーテムの祝宴は父親の思い出を祝う祭であり、トーテムの掟は、違反者が死をもって罰せられることが定められた禁令であることを確認する権利があると考えている。

このトーテミズムのうちに、人類の歴史における最初の宗教的な発現形式をみることができるのであり、この宗教的な形式が最初から一貫して社会的な構成や道徳的な義務と結びつきをそなえていたと考えることができる。宗教のその後の発展については、ここではかんたんに概観するにとどめることができよう。宗教が人類の文化的な発展および人間の共同体の変化と並行して進んだのは疑問の余地のないところである。

トーテミズムの次の段階は、崇拝していたものを人間化する営みであり、動物の代わりに人間の姿をした神々が登場する。神々がトーテム動物に由来するものであることは隠しようがない。神々の身体はまだ動物のままであるか、少なくとも顔が動物である。またはトーテム動物が神のお気に入りの従者となっていて、神につかず離れずにいるか、神が自分の前段階である動物を殺したことを伝説が伝えている。

この発展段階のある時点で、偉大な女神が登場する。その登場の時点を確定するのは困難であるが、おそらく男性の神が登場するよりもはるか前のことだろう。そして男性の神は長いあいだ、女神と併存して存立していたのである。そのあいだに巨大な社会的な変革がおこなわれた。家父長的な制度がふたたび復活して、母権制が解消された。この制度のもとでは父親はもちろん、かつての原父がもっていたような絶対権を所有することはない。父親たちは数も多く、かつてのような氏族よりももっと大きな集団を形成して共同生活を送っていた。これらの父親はたがいに妥協しあわねばならなかったし、社会的な掟にしたがわねばならなかった。

女神が登場したのはおそらく、母権制に制約が加えられるようになったために地位を低められた母親の利益を代表するためだったのだろう。男性の神々は、最初は偉大な母親の傍らに控える息子たちとして登場し、後になってからやっと、父親としての姿を明確に示すようになる。多神教のこれらの男性の神々は、家父長時代の状況を映しだしたものである。多数の男性の神々が存在し、たがいに他の神々に制約を加えあいながら、ときには上位にある優位の神に服従していたのである。ところで次の一歩を進めると、わたしたちがとりあげてきた主題、すなわち独りで、唯一で、絶対的に支配する父なる神がやっと登場するのである。

原始時代の歴史の記述

このようにして概要を示してきた歴史的な変遷は、空白のところが多く、不確実なものであることは認めるべきだろう。しかし原始時代の歴史についてのわたしたちの構想が、たんなる空想にすぎないと退けようとする人には、この構想に含まれる資料の豊かさと証明力をあまりに過小評価しているのではないかと指摘せざるをえない。この構想においては、過去の大きな断片が、すなわちトーテミズムと男性による共同体の形成という出来事が歴史的に証明されているのであり、これが一つの大きな全体を構成しているのである。

他にもある事件が、トーテミズムの卓越した反復として記録されている。キリスト教の聖体拝領の儀式は、信者が神の血と肉を象徴的な形で身体にとりこむ儀礼であり、これが古いトーテム饗宴の意味と内容を忠実に反復したものであることは、多くの研究者が気づいていることである。その他にも、忘れ去られた原始時代の多数の残滓が、さまざまな民族の伝説や童話の中に残されている。また、精神分析による幼児の心的な生の研究は、原始時代についてのわたしたちの知識の欠如した空隙部分を埋める上で、予想しなかったほどの豊富な資料を提供してくれた。

精神分析によって、幼児にとってきわめて重要な意味をもつ父親との関係についての理解を深めることができた。こうした研究としては、動物恐怖症、父親から食べられるという奇妙な感じを与える恐怖、そして去勢不安のすさまじいまでの強さについての研究を指摘しておけば十分であろう。わたしたちの再構成のうちには、勝手に作りだしたものや、十分な根拠を示せないものはまったく存在しないのである。

宗教の教義と儀礼の特徴

こうした原始時代の歴史の記述が、総じて信頼するに足るものだとすると、宗教の教義と儀礼のうちには、次の二つの特徴が存在していることが分かる。古い家族の歴史とその残滓にたいする固着がみられるとともに、過去が再構成され、長い中断期間をおいて、忘れられたものが回帰するという二つの特徴がみられるのである。この忘れられたものの回帰はこれまで見逃されてきた特徴であり、理解されていないために、せめてここで印象深い実例を使って証明しておきたい。

もしもあるものが忘却の後に回帰してくるとすれば、それは特別な力をもって地位を確保し、人間集団にたいして比類のないほど強い影響を及ぼすようになる。そして抵抗しがたい力でみずからの真理を訴えるのであり、それにたいしては論理的な異議などは無力なのである。このことは、ここでとくに強調しておく価値があろう。こうしたものは〈不合理なるがゆえにわれ信ず〉という信念のようなものとして存在しつづけるのであり、この注目すべき特徴は、精神病患者の妄想を手がかりとしなければ理解できないのである。

わたしたちはずっと前から、妄想のうちには、忘れられた小さな真理が潜んでいることを理解していた。そしてこの真理が〈回帰〉してくるにあたっては、さまざまな変形や思い違いは避けられないものであり、この核心的な真理から発して、妄想のために作りだされた強迫的な確信が真理を覆い隠している誤謬のうちに広がっているのである。宗教の教義のうちには、歴史的とも呼ぶべきこうした真実が含まれていることを認めるべきだろう。宗教は精神病の症候としての性格をそなえているものの、集団的な現象であるために、孤立化という非難をうけるおそれはないのである。

ユダヤの民の運命

宗教史において、ユダヤ教に一神教がはいりこみ、この一神教がキリスト教のうちにも維持されたという事実ほど明白なプロセスは、ほかに例をみないほどである。ただし動物を神としたトーテミズムから、いつでも動物をしたがえていて、人間の姿をしている神へと発展するプロセスも、ほぼ空白のない完全な形で理解されていることを指摘しておくべきだろう(ちなみに新約聖書の四つの福音書の著者も、それぞれ好みの動物をしたがえている)。

さしあたりは、一神教という理念が誕生するにあたっては、ファラオによる世界支配がきっかけとなったと考えておこう。そしてこの理念はエジプトの土地を離れた別の民によって引き継がれ、この民族は長い潜伏期の後にこの理念を貴重な財産として高く評価するようになった。そしてこの理念のもとでユダヤ人は、自分たちが選ばれた民であるという誇りをいだくようになり、民族としての生を永らえたのである。

これは原父の宗教であり、ユダヤの民はこの宗教に報いと栄誉と、そして最後に世界制覇の望みを託したのである。世界制覇の望みはユダヤの民はずっと前に捨てているが、ユダヤ人の敵となった民族においては、「シオンの賢者たち」の誓いを信じこむという形で、現在でも生きつづけているのである。

本書ではいずれ、エジプト人から学んだ一神教的な宗教の独特な特徴が、ユダヤの民にどのように影響したか、ユダヤの民が魔術と神秘を拒否することによって、霊性へと向かって進歩するように促され、そうした昇華への要求にしたがうことになったことによって、長期的にどのような影響を受けたか、またこの民が真理を所有することで至福を感じるようになり、選ばれた民であるという意識に圧倒されて、どのようにして知的なものを高く評価し、道徳的なものを強調するようになったか、さらにこの民族の悲しむべき宿命と現実における失望によって、どのようにしてこれらのさまざまな傾向が強められることになったのかについて、述べるつもりである。ここではその発展をしばらく別の方向に追跡することにしよう。

原父にその歴史的な権利を回復させたのは大きな前進であるが、これで終わりとなるわけではない。有史以前の別の悲劇的な部分もまた、［原罪として］承認されることを求めていたのである。このプロセスを開始させた要因を推定するのは困難である。抑圧された内容の回帰の先駆けとして、罪の意識が強まり、それがユダヤの民族と、当時の文化世界の全体を覆ってしまったかのように思われる。

パウロの登場

やがてこのユダヤ民族のうちから、政治的および宗教的なアジテーターとして正当に認められた人物が登場し、新しいキリスト教という宗教をユダヤ教から分離するきっかけが生まれることになった。ローマ市民権をもつタルソス出身のパウロが、この罪の意識を捉えて、それが原史的な起源をもつものであることを正しく示したのである。パウロはこれを「原罪」と呼んだ。これは神にたいする犯罪であり、死をもってしか贖《あがな》うことのできないものである。原罪とともに、世界に死が訪れるようになった。

実際には、死に値する犯罪とは、原父の殺害であり、殺害された原父が後に神として崇められたのである。しかしこの原父の虐殺行為が想起されたわけではなく、その代わりとしてその贖いが空想されたのであり、そのためにこの空想が救済の知らせ、すなわち「福音」として歓迎されたのだった。神の一人息子が、罪なき者として殺されたのであり、この一人息子は、そのようにしてすべての人の罪を身に負ったのである。殺されるのは息子でなければならなかった。父親の殺害の罪への贖いだからである。

おそらくオリエントやギリシアの秘儀宗教の伝統が、この救済の空想の仕上げに影響したに違いない。それでもこの空想の本質的なところは、パウロがみずから考えだしたものだったはずである。パウロはほんらいの意味で宗教的な性格の人間だった。過去の暗い記憶がパウロのうちに潜伏していて、意識の領域に飛びだしてくる用意をしていたのだった。

キリスト教と原父の殺害

救済者が罪なくして生贄となったというのは、明らかにある歪曲を含む考え方であり、論理的には理解しがたいものである。いったいどうして、殺人の罪のない者が、みずから殺害されることで、殺人者の罪をひきうけることができるというのだろうか。ただし歴史的な事実としては、ここにはいかなる矛盾も存在しない。「救済者」なる人物は、罪を犯した本人、すなわち兄弟同盟の指導者として原父を殺害した人物以外ではありえないからである。

このような指導者であり主犯であるような人物が実際に存在したのかどうかは、未決定のままにしておくべきだろう。実際に存在していた可能性は高いが、兄弟同盟に加わったすべての息子たちは、自分一人で父親を殺害して、例外的な地位を確保することを願っていたはずであること、そして兄弟同盟の一人としては手にいれることのできない父親との同一化を放棄することの代償を手にしようと願っていたはずであることを、考慮にいれる必要がある。

このような指導者が存在しなかったとすれば、キリストは満たされないままとなった願望空想が作りあげた遺産なのであり、もしもこうした指導者が存在したとすれば、キリストはこうした指導者の後継者であり、その人物の生まれ変わりである。キリストが空想なのか、忘却された現実の回帰なのかは、それほど重要なことではない。いずれにしてもここにみられるのは、古代英雄の観念、すなわち父に反抗して立ち上がり、父を何らかの形で殺した英雄の観念である。[*9]これは悲劇に登場する英雄の「悲劇的な罪」の真の根拠なのである（この罪は、これ以外の方法でははっきりと示すことのできないものである）。ギリシア悲劇における英雄とコロスが、この父親に反抗した英雄と兄弟同盟を描いているのは、疑問の余地のないところである。そして中世にいたって演劇が、キリストの受難劇の上演によって再開されることも、意味のないことではないのである。

割礼の廃止と文化的な退行

すでに指摘したようにキリスト教の聖体拝領の儀式は、信者たちが救世主の血と身体を体内にとりいれる行為であり、昔のトーテム饗宴の内容を反復したものであるが、もちろん攻撃的な性格においてではなく、親愛の思いと崇敬の念を表現するものとしてである。ところで息子の父親にたいするアンビヴァレンツは、パウロによる古いユダヤ教の改革の究極的な帰結のうちに表現されている。この改革は表向きは、父なる神との和解のためにおこなわれたとされているが、実際には父なる神を王座から追放し、亡きものとすることになった。ユダヤ教は父の宗教だったが、キリスト教は息子の宗教になった。古い父なる神はキリストの背後に退き、息子であるキリストが、父の位置についた。これはかの太古の時代に、すべての息子が望んでいたことである。パウロはユダヤ教を発展させるとともに、それを破壊することになった。パウロがこれに成功したのは何よりも、救済という観念を作りだして、人類の罪の意識を鎮めることができたという事実によるものである。しかしパウロが、ユダヤ民族が選ばれた民であることを放棄し、それを示す目にみえる〈しるし〉である割礼を廃止したことも大きな力があった。これを廃止することで、新しい宗教は普遍的で、すべての民を包括する宗教になりえたのである。

パウロが割礼を廃止したのは、彼の改革がユダヤ人の世界でひき起こした抵抗にたいする個人的な復讐という意味があったのかもしれない。しかしこれによって古いアトン教の性格が再現されたのであり、アトン信仰が新たな担い手であるユダヤの民族に移行する際に生まれた制約がとりのぞかれたのである。

この新しい宗教は多くの点で、古いユダヤの宗教にたいする文化的な退行という意味をもっていた。こうした退行は、知的な水準の低い大衆が大勢で参加した場合や、彼らの参加を許容した場合にはよくみられることである。キリスト教は、ユダヤ教が到達していた精神的な高みを維持することはできなかった。キリスト教はもはや厳密な意味での一神教ではなくなり、近隣の民族から多数の象徴的な儀礼をとりいれ、ふたたび偉大な母性神［マリア］を作りだした。そして多神教の多くの神々を招きいれ、みえすいた偽装をさせて、従属的な地位につかせた。何よりもキリスト教はアトン教やそれをうけついだモーセの宗教とは違って、迷信的で、魔術的で、神秘的な要素の浸透を拒まなかった。こうした要因はその後の二千年の精神的な発展にとって深刻な障害となるものだった。

キリスト教の勝利は、イクナートンの神にたいするアモン神官団の勝利を、千五百年の期間をおいて、さらに大がかりな舞台で再演したものである。とはいえ、キリスト教は宗教史的な意味では、すなわち抑圧されたものの回帰という意味では、一つの進歩であり、その後はユダヤ教はいわば〈化石〉のようなものになってしまったのである。

ユダヤ教の特異性

ところで一神教という理念がユダヤの民にどうしてこれほどまでに強い印象を与えたのか、そしてユダヤの民はこの理念をどうしてこれほどまでに大切にしたのかを理解するのは、有意義なことだろう。この問いには答えることができると思う。ユダヤの民は、太古の偉業であると同時に犯行である父親殺しに近いところに追い込まれる運命にあったからである。ユダヤ人はこの父親殺しという行為を、卓越した父親の像を体現していたモーセという人物にたいして反復する運命にあったのだ。これは思いだす代わりに「行為に移し《アクティング・アウト》」てしまうことの実例であり、神経症の患者の分析の際に頻繁に起こることである。

モーセの教えはユダヤの民のうちで記憶されて刺激を与えたが、この刺激にたいしてユダヤ人たちは自分たちの行為を否定するという反応を示した。偉大なる父の存在を承認するという姿勢のうちにとどまり、後にパウロが太古の歴史との継続点として示したところに進むのを拒んだのである。パウロが新しい宗教を作りだすための出発点となったのが、別の偉大な人物が残虐に殺害されたという事実であったのは、偶然ではないし、無視してよいことでもない。

この殺害された人物は、ユダヤの地の少数の信奉者によって神の子として、聖書で予告されたメシアとして崇められていた人物であり、モーセのために作られた幼児期の逸話までもが、のちにその生涯に織り込まれるようになったのである。しかしこのイエスという人物については、わたしたちはモーセと同じように確実なことは何も知らない。イエスが本当に福音書に描かれているような偉大な教師だったのか、それともイエスの死という事実と殺害された状況の大きさが、この人物に決定的な意味を与えたのではないかということについても、わたしたちは実際には何も知らない。彼の使徒となったパウロでさえ、イエスを実際に目にしたことはなかったのである。

モーセが、みずからの率いたユダヤの民によって殺害されたということは、E・ゼリンが伝承の痕跡のうちから発見したことであり、奇妙なことに、若きゲーテも明確な根拠もなしにそう考えていた[*10]。このモーセの殺害という事実は、わたしたちの構想には不可欠な環であり、太古の時代の忘却された出来事と、それが一神教という形式でのちにふたたび登場する出来事を結ぶ重要な鎖の環でもある。[*11] ユダヤの民はモーセを殺害したことに後悔の念をいだいたことがきっかけとなって、モーセがメシアとなってふたたび訪れ、ユダヤの民を救済し、約束していた世界の征服を実現してくれるのではないかという空想的な願望が生まれたのではないかと推測してみるのも、興味深いことだろう。

モーセが最初のメシアであったとすると、キリストがその代替で後継のメシアになったわけである。だからパウロがさまざまな民族に次のように呼びかけたことには、歴史的な正当性があったのである。「見よ、メシアはほんとうにやってきたのであり、汝らの目の前で殺されたのである」と。そうだとするとキリストの復活にも、別の歴史的な真実があることになる。キリストは太古の群れにおける原父が回帰した存在だったのであり、変容して父の地位についた息子だからである。

反ユダヤ主義の「根拠」

哀れなユダヤ人は、身にしみついた頑固さをもって父の殺害を否定してきたが、のちにそのことで大きな償いをしなければならなくなった。「お前たちはわれらの神を殺したのだ」とくり返し責められるようになったからである。この非難は、正しい解釈を加えるならば、正当なものである。これは宗教史に結びつけて解釈すると、「お前たちは、自分たちの神を、神の原像を、原父を、原父ののちの生まれ変わりを殺したことを認めることを拒んでいる」ということになるのである。さらにこの非難は次のように主張している。「われわれはもちろん神を殺した。しかしわれわれはそのことを告白したのだから、われわれは赦されているのだ」と。

もっとも、反ユダヤ主義がユダヤの民の子孫を迫害するときに使うすべての非難が、このように正当な根拠を主張できるものではない。さまざまな民族のユダヤ人嫌いの強さと執拗さの現象の背後には、いくつもの理由があるに違いない。こうした理由をいくつか推測することはできる。その多くは現実的な根拠によるもので、解釈する必要のないものである。あるいはもっと深いところに秘められた源泉から生まれたもので、特別な動機が潜んでいると考えられるものもある。

現実的な根拠によるものとしては、ユダヤ人が異国人だからという理由があるが、これはあまり根拠のないものだと言わざるをえない。現代において反ユダヤ主義が蔓延している多くの地で、ユダヤ人はもっとも古くから住みついている住民の一部であるか、現在の住民よりも昔からその地に住んでいた人々だからである。たとえばケルンの町を考えてみよう。この町にユダヤ人はローマ人とともにやってきたのであり、ゲルマン民族がここを占領したのは、もっと後になってからのことである。

ユダヤ人嫌いの別の根拠としては、ユダヤ人が多くは他の民族のうちの少数民族として暮らしているという状況によって生まれたものがあり、これははるかに強い力をもっている。大衆の共同体感情を高めるためには、外部に暮らしている少数の人々にたいする敵意を強める必要がある。そしてこうして共同体から排除された人々が少数であることが、少数民族の抑圧を強める結果となるのである。

さらにユダヤ人にみられる二つの特徴が、ほかの民族には赦しがたいものにみえることも挙げられる。まずユダヤ人は、ユダヤ人に居住を許している「ホスト民族」とは違う点が多いという特徴がある。もっとも、根本的な違いがあるわけではない。敵対する人々が主張するのとは違って、ユダヤ人はアジアの異民族ではなく、地中海の諸民族の後裔で構成されている人々であり、地中海文明の遺産の相続者だからである。しかしユダヤ人にはどこか違うところがあるのは、明確には表現できない違いがあるのは、たしかなことである。とくに北方の民族との違いは顕著である。そして大衆は、根本的な差異にたいしては寛容を示しても、小さな差異には驚くほどに不寛容なのである。

それよりも重要なのが第二の特徴であろう。さまざまな抑圧にもかかわらず、残酷なまでに迫害を加えても、ユダヤ人を根絶することはできなかったのである。そして商業的な活動において優れた能力を発揮したこと、すべての文化的な活動において貴重な貢献をしていることは、認めざるをえないのである。

ユダヤ人嫌いの根深い動機は、はるかに過去の時代に根ざしたものであり、諸民族の無意識のところに働きかける。だからこれについて説明しても、信じがたいと思われるのは覚悟している。しかしあえて述べれば、ユダヤ人でない民族は、父なる神の最初の子供であり、寵愛された子供であると自称するユダヤの民族にたいして嫉妬を感じるのであり、これを克服することに成功していないのである。まるで他の民族は、ユダヤ人のこうした主張の正しさを信じこんでいるかのようである。

さらにユダヤ人を他の民族と区別するさまざまな風習があるが、その中でも割礼は忌まわしく不気味な印象を与えるのである。これは幼児の頃に恐れていた去勢の警告を思いだすからなのだろうし、遠い太古の時代の忘れたい記憶に触れるからなのだろう。そしてもっとも遅れて発生した動機としては、現在ユダヤ人を嫌っているすべての民族は、歴史的にみて遅い時期になってキリスト教に改宗した民族であり、血なまぐさい強制によって、やっとキリスト教を採用した民族であることも忘れてはならない。これらの民族はいわば「ごまかしの洗礼」をうけたのであり、キリスト教のうわべの下では、かつての祖先と同じように、野蛮な多神教に帰依しているのである。

これらの民族は、自分たちに新たに押しつけられたキリスト教にたいする恨みを克服することができず、その恨みをキリスト教の源泉であるユダヤ教に向けているのである。福音書はどれも、ユダヤ人のあいだで語られ、そもそもユダヤ人だけにかかわる物語を語っているという事実も、ユダヤ人に恨みを向けやすくしている。これらの民族のユダヤ人嫌いは、根本的にはキリスト教嫌いなのである。ドイツの国家社会主義［ナチス］革命において、キリスト教とユダヤ教の両方が敵愾心をもって扱われていることのうちに、この二つの一神教の宗教の内的な結びつきがはっきりと表現されているのであり、これは何ら意外なことではないのである。

E　問題点

これまでの説明によって、神経症のプロセスと宗教的な出来事の間にはアナロジーが存在しており、宗教的な出来事には意外な根源が潜んでいることを示せたのではないかと思う。しかしこのアナロジーは個人心理学から集団心理学への移行を伴うものであり、こうしたやり方には二つの問題点がある。これらの二つの問題は、その性格と重要性が異なるものであるので、以下ではこれらの問題について考えることにしよう。

第一の問題点

第一の問題点は、ここで示した実例は、豊富な内容をそなえた宗教の現象学から一つの実例を取り上げたにすぎず、その他の現象に対しては考察していないことである。残念ながらわたしには、実験的に示したこの一つの実例しか提示することができない。研究を完璧なものとするために必要なその他の実例については、専門的な知識がそなわっていないのである。

限られた知識しかそなえていないわたしとしては、ただムハンマドが新たな宗教を創設した事例は、ユダヤ教の創設の歴史を簡略な形で反復したものであって、その模倣のように思われることを指摘しておきたい。預言者ムハンマドは、最初は自分と自分の民族のために、ユダヤ教をそのままでうけいれようと考えていたようである。ところがアラブ人にとっては、唯一で偉大な力を持つ原父を取り戻したことによって自己意識が異常なほどに高められたのであり、さらにこれによって世界的な規模で大きな成功を収めることができたので、それだけで力が尽きてしまったようである。アラーは自らが選んだ民族に対して、かつてヤハウェが自ら選んだユダヤ民族に与えたよりもはるかに大きな恵みを与えようとした。しかしこの新しい宗教の内的な発展力はやがて行き詰まりを迎えることになった。ユダヤ民族の場合には宗教を創設したモーセを殺害するという行為によって、宗教の内的な深化のための力が獲得されたのであるが、イスラーム教の場合にはこうした力が欠如していたのではないかと思われる。

東方の宗教は、一見したところ合理的な宗教のように見えるが、その核心となるのは祖先崇拝であって、過去の出来事を再構成するという早期の段階で発展を停止してしまうのである。現在の未開の民族の間でも、その宗教の唯一の内容が、ある至高の存在を承認するものである事例が確認されているというのが正しいとすれば、これは宗教発展の退化としてしか理解できない。これは精神分析の研究分野で数多く確認されている発展不全の神経症の事例と関係づけることができるだろう。

イスラーム教の事例においても、このような未開の民族における宗教発展の退化の事例においても、なぜ発展が進まなかったのかという理由を理解することはできない。こうした民族に特有な天賦の才能によるものであるとか、彼らの活動の方向性によるものであるとか、あるいは社会状況の全般的な方向性によるものであるとか考えるしかないのである。ただし精神分析をおこなうにあたっては、実現されなかったものについて説明しようと試みるのではなく、実際に実現されたものについて説明を試みるべきだという原則を守るのが好ましいのである。

第二の問題点

個人心理学から集団心理学に移行する際に発生する第二の問題点は、原理に関わるものであるため、さらに重要なものである。というのは民族の生活において、実際に力を持つ伝承がどのような形式において存在しているかを問わなければならなくなるのであるが、これは個人心理学においては存在しない問いだからである。個人心理学においてはこの問いは、無意識のうちに過去の記憶の痕跡が存在することによってかんたんに説明されてしまうのである。

ここでわたしたちは、これまで研究してきた歴史的な実例に立ち戻って考えることにしよう。わたしたちはカデシュにおいて宗教が創設される際におこなわれた妥協は、エジプトから帰還したユダヤ人たちの間に力強く残っていた伝承が維持されていることによって成立したと想定したのだった。この想定そのものには問題はない。わたしたちの推測によると、このような伝承は、当時生きていた人々が、彼らよりも二世代から三世代前の祖先から受け継いだ口承の記憶として意識に残っていたものであり、しかもこれらの先祖は、問題となる出来事に直接に関与し、目撃した人々だったのである。

しかしその後の数世紀にわたって同じように、通常の形で先祖から子孫に受け継がれた知識に基づいて、伝承が語り継がれたと考えることができるだろうか。このような知識を忘れずに守り抜き、口承という形で語り伝えたのはどのような人々だったたのだろうか。こうした疑問は、前の場合と同じように、答えることのできない問いである。

ゼリンによると、モーセを殺害したという伝承は祭司たちの間にずっと受け継がれ、それがやがて文書として最終的に記録されたのだというのだが、ゼリンがそもそもこの殺害を事実として考えたのは、この文書によってだったのである。しかしこの伝承は民族全体の所有物ではなく、ごく一部の人々だけが記憶していたものである。こうした一部の人々の記憶だけによって、その伝承のもたらした大きな影響を説明することができるだろうか。このような少数の人々だけが持っていた知識が、民族の多くの人々に知られるようになった時に、多くの人々にこれほど持続的な影響を及ぼしたと考えることができるだろうか。そのように考えるよりもむしろ、何も知らなかったはずの大衆のうちにも、少数の人々だけが持っていた知識に似た何ものかが存在していたために、少数の人々が持っていた知識が表に現れた際に、大衆がこれを受け入れたとみなすべきではないだろうか。

太古の時代についての同じような事例を考えてみれば、それについて判断するのはさらに難しくなる。わたしが考えてきたような特性をそなえた原父が存在していたということ、そしてこの原父をどのような運命が襲ったかということについては、数千年の時の経過のうちですっかり忘却されてしまっているのは確実なことである。モーセの場合とは違って、原父については口承での伝承が存在したとは考えられないのである。それでは伝承というものの意味はどこにあるのであろうか、また伝承はどのような形で存在しうるのであろうか。

精神分析による説明

読者の方々のうちには、錯綜した心理学的な事態に分け入ることを望んでおられない方も、またその準備もない方もおられるだろうから、ここでその負担を軽減するために、これからわたしが進めていく研究のもたらした成果をあらかじめ提示しておくことにしよう。わたしの考えでは、伝承についての心理学的な事態においては、個人の状況と集団の状況はほぼ完璧に一致するのであり、過去の出来事についての印象は、集団のうちでも無意識的な記憶痕跡として保存されつづけるのである。

個人についてはこの状況は明確に説明できると考えられる。早い時期に経験した出来事の記憶痕跡は個人のうちで保存されつづけるのであって、ただそれが、特別な心理学的な状態において保存されるという点に、集団心理学との違いがあるだけである。個人はかつて意識されたものを抑圧していても、実際にはそれを知っているが、こうした記憶痕跡もそれと同じような意味で、知っていると言えるのである。

精神分析の分野では、あるものが忘却された後に、どのようにしてふたたび意識にのぼってくるのかを理解するために、分析によってたやすくそのことを裏づけることのできるいくつかの観念を確立している。忘却されたものは意識から消滅してしまったのではなく、たんに「抑圧された」だけである。その記憶痕跡はまったく新鮮なままで維持されつづけているのであり、ただ「逆備給」のメカニズムによって孤立しているだけである。このように孤立した記憶痕跡はその他の知的なプロセスのうちに入り込むことができず、無意識的なままであり、意識にとっては近づけないものとなっている。

このようにして抑圧されたものの一部が、こうした抑圧プロセスから離脱して、想起しやすいものとなり、ときとして意識の中に現れることもあるが、その場合にもそれは孤立したままであり、何か異物のようなものとして、意識の他のプロセスの外部に留まるのである。このように、こうしたものが意識のうちに現れることもあるが、つねにそうであるわけではなく、完璧な抑圧がおこなわれることもある。わたしたちが検討している事例については、抑圧は完全におこなわれたものと想定しよう。

抑圧されたものが意識化されるための条件

このように抑圧されたものは、意識に浮かび上がろうとする固有の浮力のようなものを、固有の努力のようなものをそなえている。そして次の三つのいずれかの条件が満たされるならば、抑圧されたものは意識化されることができる。

第一の条件は、いわゆる自我の心的装置の審級が疾患に悩まされることによって、あるいは睡眠中によくみられるように、自我の内部における備給エネルギーの分配状況が変化することによって、逆備給の強さが弱まることである。

第二の条件は、抑圧されたものに固着している欲動の一部の力が、とくに強まることである。思春期において起こるプロセスがその顕著な実例である。

第三の条件は、最近の特定の時点において体験した出来事によって生じた印象が、抑圧されたものときわめて類似したものであったために、それが抑圧されたものを復活させる力を持つようになることである。その場合には、新たに経験したものは、抑圧されたものにそなわる潜在的なエネルギーによって強い力を持つようになり、また新たに経験したものの背後にある抑圧されたものが、新たに経験したものの助力によって、現実に影響を及ぼすようになるのである。

これらの三つのいずれの場合にあっても、それまで抑圧されていたものがそのまま変形されずに意識に昇るのではなく、必ず歪曲されて意識化される。この歪曲という事実によってこそ、逆備給によっても完全に克服されることのなかった抵抗が影響を及ぼしていること、あるいは最近の新しい体験が無意識に修正を加える影響力をそなえていること、あるいはその両方の影響力が存在することを証明するものとなっているのである。

意識と無意識の審級

わたしたちの研究の方向を示すための道しるべ、あるいはよりどころとして役立つのは、ある心的な事象が意識的なものであるかそれとも無意識的なものであるかという区別である。抑圧されたものは無意識的なものである。しかしこの命題を逆転しても正しいとすれば、すなわち意識的なものと無意識的なものの質的な違いを、意識的なものが自我に属するものであり、無意識的なものが抑圧されたものであると区別することができるとすれば、ごく単純化することができて好都合であろう。

わたしたちの心的な生活のうちにはこのように孤立した無意識的なものが存在するという事実は、耳慣れないものかもしれないが、きわめて重要なことである。ところが実際の事態は、はるかに錯綜したものである。抑圧されたものはすべて無意識的なものであるというのは正しいが、その逆はつねに正しいとは限らないのであり、自我に属するものがつねに意識されたものであるというのは正しくないのである。

意識されたものは、じつに儚《はかな》い性格のものであって、心的なプロセスにごく一時的に固着しているにすぎないという事実に着目すべきであろう。だからこそ研究の目的のためには「意識的な」という言葉の代わりに「意識することのできる」という言葉を使わざるをえないのであり、このような状態にある性質を「前意識的な」ものと呼ばねばならないのである。そうすると、自我はその本質からして前意識的なものであって、ただ潜在的にだけ意識的になりうるのであり、自我のその他の部分は無意識的なものであると表現するほうが正確なのである。

この最後の確認事項が教えているのは、わたしたちがこれまで考えてきた特性は、心的な生活の闇の中で研究の方向を定めるには、不十分なものであるということである。わたしたちはもっと別の区別を導入しなければならない。すなわち質的な区別ではなく、局所論的な区別が必要なのである。この区別が特別な価値を持つのは、それが同時に発生的なものであるということによるのである。

わたしたちは心的生活について、それが多くの審級や領域や区域から構成されている装置であると考えてきたが、この装置のうちに本来は自我と呼ばれるべき領域と、それとは区別される別のエスと呼ばれる領域を定めることにしよう。エスと呼ばれる領域は古いものであり、自我と呼ばれる領域は外界からの影響のもとでエスから発達してきたのである。それは樹木としてのエスから、樹皮としての自我が発達するようなものである。

エスのうちではわたしたちの根源的な欲動が働いているのであり、エスのうちのあらゆるプロセスは無意識的なものである。自我はすでに述べた前意識的なものの領域に対応するのであるが、普通は無意識的なままにとどまる部分を含み込んでいる。エスの内部の心的な事象には、その事象の経過と相互作用について、自我の内部に含まれる心的な事象とはまったく異なる法則が適用される。実際のところはこの区別が発見されたことによって、わたしたちはこの新しい見解を採用するようになったのであり、こうした見解の正しさが保証されているのである。

抑圧されたものは、エスのうちに含まれていると考えるべきであり、エスを支配するメカニズムに服しているとみなされるが、その発生の観点からみて、エスそのものとは異なる。この違いが生まれるのは、エスから自我が発達してくる段階においてであって、これは心的な発達のごく早期の段階である。自我が発達してくると、エスに含まれている内容の一部が自我に渡され、前意識的な状態のものとして浮上してくるが、エスの内容のその他の部分はこのように移動せず、本来的に無意識的なものとしてエスのうちにそのまま留まっているのである。

しかし自我の形成が次第に進むと、自我のうちに含まれていたある種の心的な印象と心的な事象が、防衛プロセスのために自我から締めだされることになる。このように自我から締めだされたものは、前意識的なものという性格を奪われ、エスの中にふたたび沈み込んでいって、エスの一部となる。これがエスのうちに存在する「抑圧されたもの」なのである。

これらの二つの心的な領域の間では、ある種の交流がおこなわれるが、それは一方ではエスのうちに含まれていた無意識的なものが前意識的なものの水準にまで昇っていって、自我の一部となるプロセスであり、他方では自我のうちに含まれていた前意識的なものが、それと逆の形でエスのうちに戻っていくプロセスである。ただし後の段階で自我の内部に「超自我」と呼ばれる別の領域が定められることになるが、これはここでは関連がないので、述べないでおく。

一見するとこれらのすべてはきわめて複雑なもののように思えるかもしれないが、普段は馴染みのない心的な装置の空間的な把握に馴染んでしまえば、決して難しい観念ではない。念のために述べておけば、ここで説明した心的な局所論は、大脳の解剖学とはまったく関係がないものであり、厳密に考えても、ただ一箇所でこれとふれあうだけである。このような観念に読者が不満を抱かれることはよく理解できるし、わたしもまたそうした不満を抱いているのではあるが、こうした不満は、わたしたちが心的な事象の動的な本性というものにまったく無知であるために生まれたものである。

わたしたちの考えるところでは、意識的な表象を前意識的な表象から区別するもの、そして前意識的な表象を無意識的な表象から区別するものは、ある種の修正過程にすぎないのであって、おそらくは心的なエネルギーの配分が修正されることによって、こうした区別が生じているのである。

わたしたちは、エネルギーの備給とか過備給などについて議論するが、それ以上のことについてはわたしたちにはまったく知識がないのであり、使用可能な作業仮説を作るための手がかりすら与えられていない。意識という現象については、それがもともとは知覚に基づいたものであることは確かであろう。人間にとって痛覚や触覚や聴覚や視覚による刺激の知覚から生まれるすべての感覚は、ごく早い時期から意識されるものである。ところが思考過程や、エスのうちにあって思考過程に類似したものでありうる過程は、それ自体で無意識的なものであるが、これらは視覚や聴覚の知覚によって生まれる記憶痕跡と結びついて、言語機能という道をたどることで意識に入る通路を獲得するのである。言語というものを持たない動物では、この状況はもっと簡略なものであるに違いない。

太古の遺産の及ぼす影響

わたしたちの考察の出発点となったのは、早期の心的なトラウマの印象であって、こうした印象は前意識に入ってこないか、入ってきてもすぐに抑圧されてエスの状態に戻されることになる。それ以後は早期のトラウマの印象が残した記憶痕跡は無意識の状態に留まり、エスから現実へと働きかけることになる。

この記憶痕跡が、トラウマを経験した本人のものであるならば、その記憶痕跡のたどる運命を追跡することができるとわたしたちは考えている。ところで個人の心的な生活においては、本人が体験した内容だけではなく、誕生の際に持って生まれてきた内容や、系統発生に由来する内容の断片や、さらには太古の遺産もまた、現実に働きかけている可能性が高いという事実に注目するならば、そこに新たな複雑な問題が発生する。これが事実だとすると、こうしたものはどこに存在しつづけているのだろうか、こうしたものを収容しているのはどのような場所だろうか、こうしたものが存在することを示す証拠はどのようなものだろうか。このような問いが次々と生まれてくる。

最初に思い浮かぶもっともらしい答えは、それがすべての生物に固有な素質に由来するものだというものである。こうした太古の遺産はその生物の特定の発達方向に関わる能力や傾向のうちに保存されているのであり、ある種の興奮や印象や刺激に対して特定の形で反応する能力や傾向のうちに、それが存在しつづけていると考えるわけである。

これまでの経験が明らかにしているのは、個々の人間のうちにこうした能力や傾向に違いがあるということであり、それから考えると太古の遺産についてもこのような違いが存在していて、こうした違いは個人の体質的な要因があらわれたものということになる。ところがすべての人間は、少なくとも乳幼児のうちは、ほぼ同じような出来事を経験し、こうした出来事にほぼ同じように反応する。そうしてみるとこうした反応も個人の違いと同じように、太古の遺産によるものではないかという疑問が生じる。しかしこうした疑問は否定しなければならない。個人がこうして同じように反応するということで、太古の遺産についてのわたしたちの知識が豊かになることはないからである。

象徴の働き

ところで精神分析の研究によってわたしたちが検討しなければならないいくつかの成果がもたらされた。まず言語象徴の普遍性が確認されたことが指摘できる。すべての子供たちはある対象を別の対象によって象徴的に代理させることがあり、ある行動を別の行動によって象徴的に代理させることがある。これはごく自明なことであるが、子供たちがどのようにしてこれを習得したのかを証明することはできないし、そもそもそれを習得することなど不可能であることを認めなければならない。これは成人した人間がすっかり忘却してしまった根源的な知識と考えざるをえないのである。

成人も夢の中では、同じように象徴を駆使するが、精神分析家が夢を解釈しない限り、本人もその象徴の意味を理解することができないし、分析によってその夢が解釈されたとしても、本人はその解釈をなかなか信じようとはしないのである。

成人が日常的に使用している言い回しの中にもこうした象徴が存在していることが確認された時に初めて、成人もまた象徴の持つ本来の意味をすっかり忘れてしまっていることを認めざるをえなくなるのである。こうした象徴の働きは言語の違いを超えたものである。この問題についての研究が進めば、こうした象徴は普遍的なものであり、すべての民族に共有されたものであることが明らかになるだろう。

これはわたしたちのうちに、言語が生まれてきた時代から引き継がれた太古の遺産が存在することを示す確実な実例であると考えられる。しかし別の方法で説明することもできるのであって、歴史的に言語が生まれてきた過程において成立した観念と、個人において言語が発達する際にそのつど反復しなければならない観念との間に、思考による結びつきが発生していると考えることもできる。しかしその場合には、精神分析であれば欲動に関わる素質的な要因が遺伝されていると表現するものを、思考に関わる要因が遺伝されていると言い換えているにすぎないのであって、これではわたしたちの問題を解決するためには役に立たない。

個体発生と系統発生

しかし精神分析による研究によって、これまでの研究成果をはるかに超えた射程を持つ新たな事実が明らかになった。早期のトラウマに対する反応を調べてみると、そうした反応が厳密な意味では現実的な意味でそのトラウマを経験した本人とは結びついておらず、むしろそうした本人とは離れて、系統発生的な出来事の典型とよく結びついており、こうした系統発生的な出来事の手本の影響によってしか解明できないことが多いことに驚かされるのである。

神経症の子供がエディプス・コンプレックスや去勢コンプレックスによってその両親に対して示す態度を、その子供の個人的な出来事として正しく理解できるとは思えない。こうした反応は太古の人類の体験に結びつけることによって、そして系統発生的に考察することによって初めて理解できるものが多いのである。

これについてはわたしが提示する資料を公表することは有益なことであろう。こうした資料の持つ証明力は強いものであって、人間の太古の遺産が個人の素質を規定しているだけではなく、太古の人類の体験についての記憶痕跡の内容をも規定しているということを証明できるものと思われる。これによって太古の遺産のもつ範囲がさらに広められ、その重要性がさらに高められることになろう。

振り返ってみればわたしたちは長い間、人々から直接に伝えられたり、実例によって教育されたりすることなしに、先祖が体験してきた事柄についての記憶痕跡があたかも遺伝するかのように考えてきたということを認めなければならない。実際にある民族の古くからの伝承がどのようにして存続してきたか、そしてある民族の特質がどのようにして形成されてきたかを考察する場合に、わたしたちが考えていたのは、記憶のうちに情報が伝達されることによって伝承が引き継がれるという道ではなく、このような太古からの遺産として伝承されるという道だった。言い換えればわたしたちは、少なくともこの二つの伝承の道の違いを明確に意識していなかったのであって、こうした怠慢のおかげでわたしたちがどれほど大胆に、厚かましく進歩してきたかを明確に意識していなかったのである。

確かにわたしたちのこうした考え方は、現在の生物学の立場からは認められないものとなっている。というのも現在の生物学は後天的に獲得された性質が、子孫に遺伝することを認めようとしていないからである。それにもかかわらず生物学の発展は、後天的に獲得されたものが遺伝するという要因を無視しては、起こりえなかったと考えざるをえないのである。

ここで検討している二つの事例において問題となっているのは、たしかに同じ質の遺伝ではない。一方で問われているのは、後天的な性質が遺伝されるかどうかという分かりにくい問題であり、他方で問われているのは、外的な世界の印象という具体的な性質を持つ記憶痕跡が、どのようにして伝達されるかという分かりやすい問題である。ところがわたしたちは実際においては根本的に、片方を想定しなければ他方も思い浮かべることができないのである。

もしも太古の遺産の中に、後天的に獲得された記憶痕跡が存続していると考えることができるならば、個人心理学と集団心理学を隔てている深淵に架橋することができるし、さまざまな民族を、個々の神経症患者と同じように取り扱うことができるのである。太古の遺産の中に記憶痕跡が存在することを示す証拠として、目下のところわたしたちが提示できるのは、精神分析において、系統発生によるものと思わざるをえない記憶痕跡の現象が存在することが確認されていることだけである。それでもこの証拠だけでも、太古の遺産の中に記憶痕跡が存在することを自明なものとして想定することができる。そうでなければわたしたちは精神分析においても集団心理学においても、すでに踏みだした一歩を歩みつづけることができなくなる。わたしたちの要請は大胆なものですらあるかもしれないが、この大胆さは必要不可欠なものなのである。

動物の本能と人間の記憶

この道に進むことによってわたしたちは、同時に別のことを成し遂げているのである。すなわちこれまでわたしたちはあまりに傲慢であったために、人間と動物の違いをきわめて大きなものと考えていたのであるが、今ではわたしたちはその人間と動物の裂け目を狭めようとしているのである。動物は本能の力によって、初めて直面する生活状況を、あたかも昔から慣れ親しんできた状況であるかのように振る舞うことができる。動物がこのように本能に従って生きている生活全般について説明するためには、動物はこうした経験を誕生とともに受け継いでいるのであり、先祖によって体験されたものごとについての記憶を、自分のうちに保持しつづけているのだと言うしかないであろう。そして人間という動物においても根本的に同じ状況を想定すべきなのである。人間に固有の太古の遺産は、その範囲と内容は違うとしても、動物にとっての本能と同じような役割を果たすものである。

こうした論拠に基づいてわたしは次のことはまったく疑問の余地のないものであると考えている。すなわち人間にはかつて一人の原父が存在していて、その原父を殺してしまったのであり、そのことを人間は独特な形でいつも知っていたのである。

二つの問い

ここで次の二つの問いに答える必要がある。第一の問いは、このような記憶がどのような条件のもとで太古の遺産の中に入り込んできたのか、という問いである。第二の問いは、このような記憶が人間のうちで働き始めるのはどのような条件によってであるか、という問いである。この第二の問いは、こうした記憶はエスのうちで無意識な状態で存在しているものであり、これが変形されるにせよ歪曲されるにせよ、どのような条件のもとで意識のうちに入り込んでくるかについて、尋ねるものである。

第一の問いに対する答えはすぐに示すことができる。人々が経験した出来事が非常に重大なものであったか、頻繁に反復されるものであったか、その両方であった場合に、そうした記憶が太古の遺産の中に入り込んだと考えることができる。原父の殺害という出来事については、その両方の条件が満たされている。

第二の問いについては、さまざまな影響要因が考えられるかもしれないが、そのすべてが明らかにされる必要はないし、多くの神経症にみられるように、自然発生的な形でこうしたことが起きたのかもしれない。ただしそのような出来事が新たに現実的にくり返し経験されることによって、忘却されていた記憶痕跡が呼び覚まされることが、決定的に重要な意味を持つことは明らかである。そしてこのような反復の実例の一つがモーセの殺害だったのである。

そしてさらに後の時代において反復された実例としては、キリストがおそらく無実でありながら、法の名のもとで十字架で処刑された出来事が挙げられる。これらの出来事は、忘却された記憶痕跡を意識のうちに呼び覚ます重要な出来事だったのである。

まるで一神教が誕生するためには、こうした出来事が起こることが不可欠であったかのようである。ここで一人の詩人の言葉が思い出される。「詩の中で不滅の命を持つものは、現実の生活の中では滅びざるをえない」[*12]。

最後に心理学的な論拠を含む覚え書きを追加しておこう。伝承が直接的な伝達だけに依拠するものであれば、宗教的な現象にふさわしい強迫的な性格を持ちえなかったであろう。直接に伝達された事柄は、外部から受け取ったその他のすべての情報と同じように、人々が耳を傾け、判断し、場合によっては拒否するであろうが、論理的な思考の拘束力から解き放たれた特権的な力を獲得することはできなかっただろう。

伝承が、意識のうちに回帰してくることによって、大衆を呪縛するほどの強い現実的な影響力を発揮するためには、まずひとたびは抑圧されて、無意識のうちに留まるという運命を辿らなければならなかったのである。そのことはわたしたちが宗教的な伝統について驚きをもって経験してきたことであり、これまで理解されてこなかったことなのである。そしてこのことを考えれば、わたしたちが努力して記述してきたような事態が現実に起きたか、少なくともこれに類似したような形で起きたと信じることができるのである。

第三論文第一部の原注

＊1　バーナード・ショーは、人間がまともな仕事をすることができるようになるためには三百歳にならなければならないだろうと述べているが、この同時代の人間の意見には賛成しかねる。寿命が延びても仕方のないことだろう。生きるためのさまざまな条件が根底から変わらなければ、どうしようもないと思われるのである。

＊2　たとえばテル・エル・アマルナに仕事場を置いていたことが確認されている彫刻家はこの名前で呼ばれていた。

＊3　これは聖書の原典に示された四〇年にわたる荒野でのさすらいの時期の長さと一致する。

＊4　そうだとすると、モーセの時代は紀元前一三五〇年（または一三四〇年）から紀元前一三二〇年（または一三一〇年）となり、カデシュでの合流は紀元前一二六〇年あるいはそれ以降になり、メルネプタハ王の石碑は紀元前一二一五年以前のことになる。

＊5　E・アウエルバッハ『荒野と約束の地』、第二巻、一九三六年参照。

＊6　この天才という逃げ道が好ましくないことについては、ストラットフォードのウィリアム・シェイクスピアという注目すべき事例についてもあてはまる。

＊7　マコーレーは『古代ローマの歌』で、こうしたことを実践している。この作品で著者はみずから叙事詩人の役割を担っていて、現代の荒涼とした党派争いを悲しみながら、祖先の人々がもっていた犠牲的な精神、統一を望む気持ち、愛国心を聞き手に歌って聞かせるのである。

＊8　だからこのごく早期の幼年期を研究し、考察することをやめたならば（多くの場合にこの時期は考慮から除外されているのである）、精神分析をしても無意味なのである。

＊9　エアーネスト・ジョーンズは、牝牛を殺すミトラ神が、この指導者を表現しているのではないかと指摘している。この指導者はこの殺害行為を誇らしげに示しているのである。ミトラ神の崇拝が、初期のキリスト教といかに長いあいだ競いあっていたかは、周知のことであろう。

＊10　ゲーテ「荒野のイスラエル」（『西東詩集』所収）ワイマール版全集、第七巻、一七〇ページ。

＊11　このテーマについては、フレイザー『金枝篇』第三巻の「死にゆく神」という有名な論文を参照されたい。

＊12　シラーの詩「ギリシアの神々」［第二稿］による。

第二部　要約と反復

この論文の発表の事情

この研究の以下の部分を公表するにあたっては、広範な事柄について説明し、いくつかの弁明を述べなければならないであろう。というのも以下の部分は、これまでわたしたちがつづけてきた批判的な研究のいくつかを要約したものであって、ユダヤ民族に独特の性格がどのようにして成立したかという問題に関する追加的な記述を別とすると、結局は第一部をそのままくり返したものであり、その多くは逐語的に反復したものとなっているからである。

こうした記述が好ましくないものであり、美しくないことはよくわかっているし、わたし自身にも納得することができないものである。

しかしわたしはこのように記述するしかなかったのである。その理由を説明するのは難しいことではないが、それでもわたしにとっても納得しがたいことだった。要するにわたしにはこの研究の尋常でない成立史の痕跡を消し去ることができなかったのである。

実際にはこの論文は二回にわたって執筆された。最初に発表した論文は、数年前にウィーンで執筆したものであるが、その当時わたしはこれを公表できるとは考えていなかった。わたしはそれを寝かせておくつもりだったが、この論文がやがてつきまとう霊のように、わたしを苦しめたのだった。そこでわたしは最初の論文を二つの部分に分けて、わたしたちの精神分析の雑誌『イマーゴ』に公表するという方法をみつけた。

第一論文「モーセ、一人のエジプト人」は、全体の精神分析的な序章ともいうべき部分であり、第二論文「もしもモーセがエジプト人であったなら」は、第一の論文に基づいて執筆された歴史的な構築であった。残りの部分は、一神教の発生と宗教一般の理解についての応用編とも言うべきものであるが、そこには人々の感情を害しかねない不快な記述や危険な記述が含まれているために、わたしは公表を差し控えたのであって、この部分は永久に公表しないつもりだった。

ところが一九三八年三月にドイツがオーストリアに侵入するという予想外の出来事

が起きて、わたしは故郷を去らねばならなくなった。ただしそれによって、この論文を発表したならば、その当時まだ精神分析が許容されていたオーストリアにおいて、精神分析が禁止されるのではないかという懸念が取り除かれたのであった。わたしはイギリスに到着するとすぐに、それまで発表を控えていたわたしの知識を全世界に知らしめたいという誘惑に抗し難くなった。そこでわたしはこの研究の第三の部分を、すでに発表された第一と第二の論文に結びつけることができるように書き直し始めた。この作業では当然ながら資料を部分的に配置し直すことが必要になったが、この書き直しにおいても素材のすべてを取り入れることができなかった。そして以前に書いた二つの原稿を完全に放棄する決心もつかなかったために、すでに発表していた原稿を手直しせずに残りの部分に結びつけることになったのだった。反復が多いのはそのためである。

そのような事情ではあるが、ここで述べている事柄はきわめて斬新で重要なものであるため、わたしが述べたことがどこまで正しいかは別としても、読者がこの問題について同じ文章を二度も読まされても、あながち不幸なことではあるまいと考えたいところである。この世には一度だけではなく何度でも語るべき事柄が存在するのであり、しかもそれでも足りないこともあるのだ。

ただし同じ対象について考察しつづけるか、それとも別の対象へ考察を移してから、元の対象に戻って考察するかについては、読者の自由な判断に委ねたい。同じ書物の中で読者に同じ内容のことを二度も読んでいただくのは好ましいことではないし、非難されても仕方のないことであろう。しかし書き手の創造力は書き手の意志につねに従うものではない。作品はそれがなりうるものになることができるだけである。作品が書き手から独立してしまうことが多いだけではなく、書き手にとって見知らぬもののように思われることさえあるものなのだ。

a　イスラエルの民

方法論について

わたしたちがここで採用している方法は、伝えられた素材のうちから、利用できると思われるものを採用し、役立たないと思われるものを捨てて、心理学的にありうると思われるものに基づいて、個々の断片を組み立てていくことである。このような方法が真理を発見するために確実な方法ではないことが明らかになれば、こうした研究がそもそも何のためにおこなうべきなのかが問われるのは当然であろう。この問いにたいする答えは、研究結果そのもののうちに示されているはずである。

歴史学的で心理学的な研究には厳密さが求められるものだが、こうした厳密さの要求を緩めるならば、これまでずっと注目に値すると考えられてきた問題を、そして最近になって発生した出来事のために新たに重要性が高まってきた問題を、解明する道が開けると思われるのである。

ユダヤ民族の特殊性

というのも古代の地中海沿岸に居住していたすべての民族のうちで、現在なお、名前だけではなく実質においても存続しているほぼ唯一の民族は、ユダヤ民族であることは周知のことである。ユダヤ民族は比類のない抵抗力を発揮しながら不幸な運命と虐待に抗いつづけた。そして独自の民族的な特徴を発揮しつづけただけに、他の民族から激しい憎悪を浴びてきた。ユダヤ民族のこのような生命力がどこから生まれてくるのか、ユダヤ民族の性格がその運命とどのように関連しているのか、これは人々が理解したいと望んでいる問題であろう。

まずユダヤ民族の性格がどのようなものであるかという問題から始めよう。この問題はユダヤ民族とその他の民族との関係を規定する上で重要な役割を果たしているからである。ユダヤ民族は自分たちを高く評価していること、自分たちは他の民族よりも高尚で、高貴で、卓越した民族であると考えていること、そして他の民族とは多くの慣習によって区別されていると考えていることは確かであろう。[*1] ユダヤ民族はまた貴重な財産を密かに所有しているという信念によって、自分たちの生活を豊かなものとしている。これはある種の楽天主義であるが、敬虔な人々であればこれを神への信頼と呼ぶだろう。

わたしたちはユダヤ人がなぜこのような態度をとるのかを知っているし、彼らが秘密の宝物と考えているのが何であるかも知っている。ユダヤ人たちは実際に、自分たちは神に選ばれた民族であると考えているし、神に特別に近い場所にいると信じているのであって、これが彼らに誇りと自信を与えているのである。信頼できる資料によるとユダヤ民族はすでにヘレニズム時代の頃からこのように振る舞っていたのであり、この時代にすでにユダヤ人という存在が確立されていたわけである。

この頃にユダヤ人はギリシア人に囲まれて暮らしていたのであるが、ギリシア人はユダヤ人のこのような特殊な生き方にたいしては、現在において「ホスト民族」が示しているのと同じような態度で反応したのだった。ギリシア人もまた、ユダヤ人が自ら信じていた特権的な優位を信じているかのように、反応したのであろう。ある人が、恐れられていた父親にとくに可愛がられた子供であったならば、その子が兄弟姉妹から妬まれるのは不思議なことではない。このような嫉妬がどのような結果を生むかは、ヨセフとその兄弟にまつわる旧約聖書の物語がはっきりと示している。

その後の世界史の成り行きは、ユダヤ民族のこうした思い上がりを肯定したかのようである。というのも神が人類に救世主であるメシアを送りこもうとしたときに、神はそのメシアをユダヤ民族のうちから選び出したからである。その他の民族は当時、「たしかにユダヤ人の言うことは本当だった。彼らは神に選ばれた民族なのだ」と呟かざるをえなかったかもしれないのである。

ところが実際にはそうはならず、イエス・キリストによる救済は、他の民族のユダヤ民族に対する憎悪を掻き立てただけであった。そしてユダヤ人自身も、神のこの特別の恩寵からは、いかなる利益も引き出すことができなかった。ユダヤ人自身はイエス・キリストをメシアとして認めなかったからである。

モーセの役割

すでに述べてきたような根拠から、ユダヤ民族の将来にとって重要な意味を持つ民族固有の特徴を作りだしたのは、モーセという人物だったと指摘しても許されるだろう。モーセこそが、ユダヤ民族が神の選んだ民であることを保証して、彼らの自尊心を高め、彼らを聖なる民とし、他の民族から孤立することを義務づけた人物なのである。

わたしは他の民族には自尊心がなかったなどと主張するつもりはない。現在と同じようにどの民族も、自分たちは他の民族よりも優れているのだと思い込んでいたのである。しかしユダヤ民族の自尊心の高さは、モーセのために彼らの信仰心の一部となってしまったのであり、神と緊密に結びついているという信念によって、ユダヤ民族は自らが神の偉大さを分かち与えられた民族であると信じ込んだのである。

このように、ユダヤ人を選び出し、エジプトからユダヤ人たちを解放した神の背後には、モーセという人物が存在していたのであり、このモーセが、神からの委託と称して、こうした仕事を成し遂げたのである。このことによって、ユダヤ人を創造したのはモーセという一人の人物であると主張することができよう。ユダヤ民族はモーセという人物からその強靭な生命力と、他民族からの敵愾心のほぼすべてを受け取ったのであり、ユダヤ民族は過去においても現在においても、こうした他民族から敵愾心を向けられる的《まと》となっているのである。

b　偉大な人物

歴史についての考え方

たった一人の人間がこれほど大きな影響力を発揮して、それまで無頓着で、ただぼんやりと生きていた人々や家族を集めて一つの民族を作りだし、その民族に持続的な個性を与え、何千年にもわたる運命を決定してしまうようなことが、どのようにして起こりえたのであろうか。しかしこのように問いかけるということは、創造者の神話や英雄崇拝を生み出した昔ながらの考え方に戻ってしまうものではないだろうか。歴史を記述するということが、個々の人物や支配者や征服者の行為と運命を記述することで終わってしまう時代に、逆戻りすることではないだろうか。

近代における歴史記述の特徴は、人類の歴史上の出来事を、どちらかといえば目立たない、一般的で非人格的な要因によるものと考えることにある。すなわち経済的な状況に強い影響を与えた要因や、栄養摂取の方法における変化や、資源や道具の使用方法の進歩や、人口の増加ならびに気候の変動などによって起こる民族移動の要因を、重視するようになっているのである。このような記述方法においては個々の人物の果たす役割は、大衆の欲望を代表するか代理するようなものにすぎないとみなされる。大衆の欲望はつねに何らかの形で表現されるものであるから、こうした個々の人物のうちに、大衆の欲望が表現されただけだと考えるわけである。

こうした考え方はまったく正当なものであるが、このような見方しか採用しない場合には、わたしたちの思考器官の働きと、わたしたちの思考が把握すべき世界の設立過程とが調和できなくなってしまいかねない。もしもすべての出来事が、ただ一つの証明可能な原因によって発生するのであれば、物事の因果を説明しようとするわたしたちの強い欲望が満足させられるのは確かである。しかしわたしたちの外部の現実世界において、出来事がそのような形で起こることはほとんどないのである。むしろあらゆる出来事は多くの原因によって引き起こされていると考えるべきであり、多数の原因が収斂した結果にすぎないのである。

世界で起こる出来事が、理解しがたいまでに複雑であることに驚かされて、わたしたちはそうした出来事を理解するための枠組みを想定し、その枠組みを別の枠組みと対立させて考えようとする。しかしこうした枠組みというものも結局は、もっと全体的な関連を分解したものにすぎないのである。[*2] だから特定の事例について研究するうちに、ある人物がきわめて大きな影響力を行使したことが確認されたとしても、わたしたちはすでに述べたような一般的で非人格的な要因を重視する考え方を正しく考慮に入れなかったと恥じる必要はないのである。基本的につねに両方の見方を考慮に入れておくべきである。ただし一神教の成立について述べることのできる外的な要因としては、一神教の発展が、偉大な帝国の建設や複数の民族の間の緊密な関係の成立と結びついているという前述の事実しか、わたしたちには指摘できない。

偉大な人物とは

このようにしてわたしたちは因果関係の連鎖のうちに、あるいはより適切に表現するならば因果関係の「ネットワーク」のうちに、「偉大なる人物」が占めるべき場所を確保しておきたいと考えているのである。しかしわたしたちが、ある人物にこの「偉大なる人物」という敬称を与えるために必要な条件はどのようなものであるかと問いかけるのも、おそらく有意義なことであろう。そしてこの問いに答えるのは容易ではないことに気づいて、わたしたちは驚かされるのである。

最初に思いつく定義は、わたしたちが高く評価する特性を多くそなえている人物というものであろうが、これが不適切なものであることはすぐに明らかになるだろう。たとえば美しさや筋力の強さは、それがどれほど人の羨むようなものであったとしても、「偉大さ」を作りだすことはできない。そうだとするとこの「偉大さ」というのは精神的な特質であり、その人の持つ心的な優秀さや知的な優秀さを意味するものかもしれない。

しかしそのように考えたとしても、特定の領域で優秀な能力を発揮する人物をすぐに偉大な人物と呼べないのではないかと思われる。たとえばチェスの名人や楽器の演奏の名匠は、偉大な人物と呼ばれることがないのであり、それは優れた芸術家や研究者も偉大な人物と呼ばれないのと同じである。こうした人物は偉大な詩人とか偉大な画家、偉大な数学者、偉大な物理学者と呼ばれるのである。そうした人物を特定の活動分野におけるパイオニアと呼ぶことは妥当であると考えられるが、その人物をすぐに偉大な人物と認めることはできないのである。

たしかにわたしたちはゲーテやレオナルド・ダ・ヴィンチやベートーヴェンをためらわずに偉大な人物と呼ぶのであるが、その場合には彼らの偉大な作品に対する称賛の念とはもっと別のものが働いているに違いないのである。

そしてこれらの芸術家の例を別とするならば、おそらく「偉大な人物」という敬称が与えられるのは、主として行動する人物、つまり征服者や将軍や支配者などであって、こうした人物の実現した仕事の偉大さや、こうした人物の行動のもたらした影響力の大きさを讃えるものと考えられるだろう。

しかしこうした考え方にもまた別の問題がある。こうした人物はたしかに同時代においても後の時代においても、大きな影響力を与えたかもしれないが、そのような影響力の大きな人物のうちにも、つまらない人物は存在するのであり、こうした人物には「偉大な人物」という敬称は与えられないのである。そのことから考えてもこの定義は不適切なものである。偉大な人物のうちには最終的には失敗して不幸の中で破滅していった人物も含まれるとすれば、事業が成功したことを偉大さを示す特徴とみなすことはできない。

このようにしてみると「偉大なる人物」という概念を一義的に定義しようと試みても無駄であると考えたくなる。この概念はごく緩い意味で使われた恣意的な概念であって、「偉大さ」という言葉の根源的な意味に近づいてゆくと、特定の人間の特性が異例なまでに発達した状態を形容する試みがみられるにすぎないと言えるかもしれない。さらにわたしたちが関心を寄せているのは偉大な人物の本質そのものではなく、こうした偉大な人物が自分の同胞たちにどのようにして影響を及ぼしたかということである。ただしこの偉大な人物についての考察にこだわりすぎると、わたしたちの研究の目的から逸脱してしまうことになるので、これについてはできる限り簡略に述べることにしよう。

そこで偉大な人物については、その人物の人格と彼が尽力した理念という二つの道筋で、周囲の人々に影響力を行使する人物であると考えておくことにしよう。この人物のもつ理念は、その人物が属する民族の古くからの欲望のあり方を強めるものであるかもしれないし、その民族に新たな目標を与えるものかもしれない。あるいはもっと別の形でその民族の大衆を呪縛するものであるかもしれない。

ときにはその人物の人格だけが影響力を発揮し、その人物のもつ理念はあまり大きな役割を果たさないことがあり、これこそがもっとも根源的なあり方であろう。偉大なる人物が重要なのはどうしてかということについては、わたしたちは疑問に感じたことはない。人間の集団には、賛美するに値する権威や屈服すべき権威に支配されたいと願い、場合によってはそれによって虐待されたいと願うような強い欲求が存在していることを、わたしたちは知っているからである。

集団の持つこのような欲望がどこから生じるかについては、わたしたちは個人心理学の研究から経験的に学んできている。この欲望の源泉は、すべての人に幼年時代からそなわっている父親に対する憧れである。伝説の中の英雄は、こうした父親に打ち勝ったことを誇っているのであるが、大衆はこうした父親に対する憧れを抱きつづけているのである。

このように考えてみると、わたしたちが偉大なる人物に与えてきた特徴のすべてが父親の特徴であることが明らかになってくる。そしてこれまで追い求めながらも確認することのできなかった偉大なる人物の本質というものも、この父親の特徴のうちにみいだすことができるのではないかと考えられる。父親のイメージとしては、断固とした考え方を示し、強靭な意志を持つこと、さらに重々しく行動することなどが不可欠のものであるが、そのうちでも偉大なる人物の自立性と独立性、神に喩えられるべき(時には容赦ないまでの)無関心さなどが、父親像の重要な特徴である。わたしたちは父親には驚嘆するし、父親を信じたいと思っているのであるが、他方では父親に恐怖の念を抱かざるをえないのである。だからわたしたちはこの考察を始めるにあたって、幼年時代においては父親以外の誰が「偉大なる人物」でありえたであろうかという言葉を掲げておいても良かったのである。

モーセと預言者の役割

エジプトにおいて強制労働をさせられていた哀れなユダヤ人たちの間にあえて身を置いて、「お前たちこそわたしの愛する子供である」と宣言したのがモーセであったが、そこにユダヤ人たちが強烈な父親のイメージを重ねたのは間違いのないことである。そしてモーセに劣らぬ圧倒的な影響力をユダヤ人に発揮することができたのは、唯一で永遠で万能な神という観念であったに違いない。

この神にとってはユダヤ人は取るに足らない民族ではない。この神はユダヤ人と契約を結んだのであり、ユダヤ人が神を誠実に崇拝しつづける限り、彼らを見守ると約束したのである。ユダヤ人にとってはおそらく、モーセという人物の姿と神の姿を区別するのは困難なことだったろう。モーセは自分が描き出した神の姿のうちに、怒りっぽく、厳格であるという自分の性格を持ち込んだのであるから、ユダヤ人がモーセと神を区別しがたいと感じたのは、ごくまっとうなことだった。

やがてユダヤ人はこのモーセという偉大なる人物を殺害することになるのであるが、これは太古の時代において神として扱われていた王が殺害されるという掟が再現された犯行にほかならない。このような犯行がさらに古い手本にさかのぼるものであることはよく知られているのである。[*3]

このような偉大なる人物のイメージがやがて神のイメージに高められていった一方で、このような父親もかつては子供であったという事実も想起しなければならない。モーセという人物がユダヤの民に示した偉大な宗教的な理念は、すでに詳しく述べてきたように、モーセが独力で作りだしたものではなかった。モーセはこの偉大な宗教の理念を、彼が仕えた王であるイクナートンから受け継いだのである。そしてこのイクナートンもまた、彼の母親からの言い伝えによって、あるいは中近東や遠いアジアの地域から受け継いだ宗教的な雰囲気のうちで、こうした宗教を創設した偉大な人物になりえたのである。

わたしたちはここではこうした影響力の連鎖をさらに遡ってゆくことはできないが、これが中近東から伝えられたと考えるのが適切であるならば、一神教という理念はブーメランのように、それが生まれた場所に戻ったことになる。そうしてみると新たな理念が誕生するにあたって、どのような個人が大きな業績を達成したかと問いかけても意味がないように思われる。この理念が発展するためには多くの人々が力を合わせ、貢献したに違いないのである。

さらにこの理念を実現するにあたって果たした役割をモーセだけに認めることによって、モーセの理念を受け継いだ人々であるユダヤの預言者たちの成し遂げた仕事を軽視してはならないだろう。一神教という理念の種子は、エジプトでは開花しなかったのである。だから同じようにユダヤ民族がこの高い理念を持つ厄介な宗教を放棄することもありえたのであり、その場合にはイスラエルでも、エジプトと同じような結果になっていても不思議ではなかったのである。しかしユダヤ民族のうちからは次々と預言者たちが登場し、色あせてゆく伝承を蘇らせて、モーセの与えた教えと要求を生き返らせ、ひとたび失われたものがふたたび確実なものとなるまで、その仕事を弛まずにつづけたのである。

幾世紀にもわたる絶えざる努力の結果として、そして最終的にはバビロン捕囚の前後におこなわれた二回にわたる大規模な宗教改革によって、民族的な神であったヤハウェが、モーセによってユダヤ人に押しつけられた神に変貌していくプロセスが完成した。ユダヤ民族は神から選ばれた民であるという報酬のために、そしてそれと同じように重要な別の報酬のために、モーセの宗教という重荷を背負おうとする多くの人々を輩出したのである。この事実によって、のちのユダヤ民族となったこの集団のうちに特別な心的な特性がそなわっていたことが証明されるのである。

c 精神における進歩

選民の「証拠」

ある民族の精神に持続的な影響力を行使しようとすれば、その民族が神によって選ばれた民であると〈保証〉するだけでは十分でないのは明らかである。その民族が神を信じるべきであり、その信仰によって何らかの成果をえるべきであることを彼らに教えるには、彼らが選ばれた民であることを何らかの形で〈証明〉しなければならないのである。

モーセの宗教の場合には、エジプトからの脱出がこのような〈証明〉の役割を果たした。神は、あるいは神の名において語るモーセは、この恩寵のありがたさを指摘しつづけたのだった。過ぎ越しの祭りは、エジプト脱出という出来事の記憶を定着させるために定められたものである。あるいは昔からあった祭りが、エジプト脱出の記憶に満たされたまま残されたと言うべきかもしれない。ただしこうした祭りはひとつの記憶にすぎない。エジプトからの脱出は過ぎ去った昔の出来事にすぎない。ユダヤ民族の現実にとってはこの神の恩寵のしるしは内容の乏しいものであり、ユダヤ民族の運命はむしろ、神の恩寵が失われたことを示していた。

神の失墜

未開の民族にあっては、彼らの神々が自分たちに勝利と幸運と安楽な暮らしをもたらすという義務を果たさないときには、そのような神を神の座から追放するのがつねだった。むしろこうした神は処刑されるのがつねだったと言えるだろう。いつの時代にあっても神は神々と同じように扱われてきた。太古の時代にあってこのように王と神が同じように扱われてきたということは、王も神も同じ共通の根から生まれてきたことを明らかにしている。

近代の民族においても戦争で敗北して、国土や財産が奪われた場合には、王の統治の輝きが失われてしまい、やがては王が追放されるのがつねだった。ところが奇妙なことにイスラエルの民は、神からひどい扱いを受ければ受けるほど、ますます神に従順に従うようになっていったのである。これはどうしてだろうか。この問いについては、わたしたちはしばらくは答えないままにしておこう。

このような状況について考えてみればわたしたちは、モーセの宗教がユダヤの民族に、たんに神から選ばれた存在であるという意識に基づいた自尊心の高揚のほかに、何か別のものをもたらしたのではないかと考えてみたくなる。そしてこの何か別のものが何であるかを示す要因は、すぐに見つかる。というのもこの宗教はユダヤ人に抜きんでて偉大な神の観念をもたらしたのである。あるいはいくらか控えめに表現するならば偉大なる神という観念をもたらしたのだった。この神を信じる者は、この神の偉大さをいくらか分け与えられたと感じるものであり、自分自身が高められたと感じるのだった。

こうしたことは信仰を持たない者にとってはそれほど分かりやすいことではないかもしれないが、たとえばイギリス人が外国にいて、その国で政情不安になった時に、自分の生まれた国にどのような誇り高い気持ちを感じるかを考えてみれば、少しは分かりやすくなるかもしれない。イギリス人のこのような誇り高い気持ちは、ヨーロッパ大陸の小国の国民にはもちえないものである。イギリス人は、もしも自分の身に何かあれば、自分の国の政府が軍艦を派遣してくれると確信しているのであり、その小国の反逆者たちも、自国にはそもそも軍艦などはないことを、よく承知しているはずだと確信しているのである。

イギリスの国民は偉大なる大英帝国に大きな誇りを感じているが、それは個々のイギリス国民が自国の政府の恩恵によって、大きな安全と庇護を受けているという意識に根づいているのである。偉大なる神の観念は、これと同じようなものと考えることができるだろう。そして世界の統治において神に協力することなどは考えられないことであるから、自分たちが選ばれた民であるという誇りと、自分たちの神の偉大さについての誇りが、純粋な形で溶け合うのである。

偶像崇拝の禁止

ところでモーセの宗教の掟のうちに、さしあたり理解しがたいほどに重要な意味を持つ掟がある。それは神の姿を造形してはならず、不可視の神を崇拝せよという掟である。モーセの宗教のこの掟の厳しさは、アトン教の掟の厳格さを凌《しの》いでいると言えるかもしれない。あるいはモーセは彼の教えの一貫性を保とうとしたのかもしれない。このようにしてモーセの神は、名前も顔も持たなかったのであるが、これは神が魔術的に乱用されることを防ごうとしただけにすぎなかったのかもしれない。しかしこの掟はひとたび受け入れられると、根本的な影響力を発揮せずにはいなかった。

この掟が意味しているのは、感覚によって知覚されるものを軽視して、抽象的な観念を重視せよということである。この掟は感覚性を超越した精神性の勝利を意味しているのである。厳密に言えばこの掟は信徒たちに、自分の欲動を断念することを要求するものであり、そこからは当然ながらいくつかの心理学的な帰結が生まれた。

このように一見したところ納得し難く思われることが、実は信頼すべきことなのである。この事情を理解するためには、人間の文化の発達において、同じような性質の異なった出来事が起きていることを想起しなければならない。このような出来事のうちでも、もっとも原初的でもっとも重要なものは、すでに太古の暗闇のうちに姿を消してしまっている。しかしそうした出来事がもたらした驚くべき影響力を考えれば、わたしたちはそのような出来事が実際に起きたのだと主張しなければならない。

思考の万能

というのもわたしたちの子供たちにおいて、わたしたちの成人の神経症患者たちにおいて、そして未開社会の民族においても、「思考の万能」への信念と呼ぶべき心的な現象がみいだされるからである。こうした現象はわたしたちの考えるところでは、人間の思考が持つ影響力を過大評価するものであり、人間の心的な行為あるいは知的な行為が、外部世界を変えることができると信じるものである。

それだけではない。魔術というものは人間の技術の先駆けとも言うべきものであるが、これらもまた根本においてこの「思考の万能」という前提のうちに成立しているのである。また言霊に対する信仰も、ある名前を知っていてそれを口にすることが大きな力を持つという信仰も、この前提のうちに成り立っているのである。

この「思考の万能」という信仰は、言語の発達が人間の知的な活動を異例なまでに促進したことに対する誇りのあらわれなのである。このようにして精神の作りだす新たな王国が出現したのであり、この王国は感覚器官がもたらす直接的な知覚の内容によって作りだされた低次の心的活動を超越するものとみなされた。この王国において決定的に重要な意味を持ったのは、観念と記憶と推論過程であった。そしてこの出来事はたしかに、人間が人間になるためのもっとも重要な行程の一つだったのである。

父権制と魂の概念

さらに後の時代に起きた別の出来事は、はるかに分かりやすい。母権制による共同体的な秩序の代わりに、父権制による共同体的な秩序が成立したのである。これはある外的な要因によるものであったが、この要因についてはよく知られていないし、ここでとくに考察する必要もないだろう。当然ながらこの交代によって、それまでの掟が覆された。この革命の余波はアイスキュロスの作品『オレステイア』［三部作］のうちでまだ鳴り響いている。母権制から父権制に転換したということは、さらに感覚よりも精神が優位に立ったということを意味するのであり、それは文化が進歩したということである。というのも母親が誰であるかということは、感覚に基づいた目撃証言によってはっきりと示されるが、父親が誰であるかということは、理論と論理的な前提に基づいた仮定による承認だからである。そして思考の過程が感覚的な知覚を超越したという出来事は、重大な結果をもたらすことになった。

このように「思考の万能」が信じられていた時代と母権制から父権制への転換が起きた時代との間に、一つの出来事が起きたのであり、この出来事は宗教史の研究のうちで明らかにされた事柄と多くの点で共通性を持つものである。というのもこの出来事は、人間が感覚によっては、とくに視覚によっては把握することができないものの、それでも疑問の余地のない異例な影響力を発揮することのできる「精神的な」力というものを承認するようになったことを告げるものだからである。

このようにして言葉が証拠として信じられるようになったのであるが、このような精神性の典型的な表象を作りだすのは［言葉を語るときに］動いている空気であった。だからこそ精神はその名前を風の息吹（アニムス、スピリトゥス、あるいはヘブライ語ではルーアハすなわち風）から借りているのである。それとともに個々の人間の精神の原理である魂というものが発見された。観察が示すように人間が呼吸するときには空気が動いているのであり、この呼吸は死とともに停止するのである。今日でも死にゆく者はその魂を呼吸の風として吐きだすと言われている。

他方では人間に精神の王国が開かれたために、人間たちは自分のうちにある魂が自然の世界のあらゆるもののうちにも存在すると信じるようになった。このようにして世界のすべてのもののうちに魂の息吹が吹き込まれたのである。はるか後の時代に登場した自然科学は、世界の一部から魂をふたたび抜き取る作業をつづけてきたのであるが、今日でもこの任務が完了したとは言えないのである。

聖なる文書の確立

モーセが［神の姿を造形することを禁じる偶像］禁止令を出したことによって、神は精神性の高度な段階へと高められた。これによって神の観念がさらに変化を遂げる道が開かれたのであり、これについてはまだ述べるべきことが残されている。しかしこではこの禁令がもたらした別の影響について考えることにしよう。

精神におけるこのような進歩はつねに、個人における自尊心を高めるものであり、その個人にたいして自分に誇りを持たせるものであるし、感覚性に呪縛されている他者に対して優越感を感じさせるものである。すでに述べたようにモーセはユダヤ人たちに、自分たちが神に選ばれた民族であるという高揚した気持ちを持たせたのだった。そして神からあらゆる物質性が取り除かれたために、この民族が秘密のうちに隠し持っていた財宝に新たに貴重なものがつけ加えられたのである。

このようにしてユダヤ人は、精神的なものに対する関心を持ちつづけた。そしてユダヤ人の国家を見舞った政治的な不幸が、ユダヤ人たちに残された唯一の財産である貴重な文書を、その価値にふさわしい形で大切に保存する必要性を彼らに教えたのである。皇帝ティトゥスによってイスラエルの神殿が破壊されると、ラビであったヨハナン・ベン・ザッカイは、ただちに初めてのユダヤ律法学校をヤブネに開設したいと願い出たのであり、これはすぐに許された。その後に離散したユダヤ民族を結びつける絆となったのは聖なる文書であり、その聖なる文章をめぐってつづけられた精神的な営みであった。

これはよく知られたことであり、一般に受け入れられた事実である。わたしがとくに示したかったのは、ユダヤの本質に含まれる精神性が特異な形で発達したのは、モーセの掟によって、神が目に見える形で造形されることを禁じ、それを崇拝することを禁じたことによるものであるということである。

ほぼ二千年にわたってユダヤ民族の生活において精神的な活動が高く評価されつづけたが、このことは当然ながら現実にも重要な影響を及ぼした。精神的な営みが高く評価されることによって、身体的な力の発達を理想とする民族につねにみられるような粗野と暴力への傾向が抑制されるようになったのである。たとえばギリシア民族においては、精神の鍛錬と身体の鍛錬を調和させることが目指されたが、ユダヤ民族ではこのような調和は実現されなかった。しかし精神と身体の相克のうちで、ユダヤ民族はより価値の高いものを獲得しようと決意したのである。

d　欲動の断念

超自我の審級の登場

人間においてもある民族においても、精神性において進歩が実現され、感覚された内容が軽視されるようになることが、なぜその自己意識を高揚させるのかは、自明なことではないし、すぐに理解できることでもない。その背景にはある特定の価値基準が存在しているのであり、さらにこうした価値基準を行使する別の人格や別の審級が存在しているのであると考えられる。この状況を解明するために、わたしたちが理解するようになった個人心理学の類似の事例を考えてみることにしよう。

人間の心の本質的な構成要素であるエスが、性愛的な欲動や攻撃的な欲動を満足させるように求めたならば、思考や筋肉装置を動かすことのできる自我が行動することによって、この欲動を満足させるのがごく自然な成り行きであろう。というのもこの欲動を満足させない場合には間違いなく不快が発生する一方で、これを満足させてやれば自我にとっては快感が生まれるからである。

ところが外的な障害を考慮した自我が、欲動の満足を思いとどまることがありうる。それはこの欲動を満足させた場合には重大な危険が発生することを、自我が洞察した場合である。このように外的な障害物が存在するために、すなわちわたしたちの言葉で言えば現実原則に服従するために、自我が欲動の満足を断念することは、決して快いことではない。だから欲動を断念した場合には、その後もずっと不快な緊張が生まれるのであり、それを防ぐためには、エネルギーを置き換えることによって欲動の強さを低下させなければならないのである。

あるいは内的な理由から、欲動の満足を断念せざるをえないことがある。というのも、個人の心的な発展のプロセスにおいて、外的な世界のさまざまな抑止力の一部が内在化されることがありうるのであり、その場合には自我の内部に、自我のその他の部分を監視し、批判し、禁止する審級が生まれることがありうるのである。この新しい審級は超自我と呼ばれる。

自我のうちにこの超自我という審級が生まれると、自我はエスによって要求された欲動を満足させる行動に移る前に、外的な世界がもたらす危険だけではなく、超自我が提起する異議申し立てについても配慮しなければならなくなり、欲動の満足を断念する要因がますます多くなるのである。

ところで外的な理由によって欲動を満足させることを断念した場合には、ただ不快が生まれるだけであるが、内的な理由によって超自我に服従して欲動の満足を断念した場合には、別の経済論的な効果が生まれる。このような形で欲動の満足を断念した場合にも、たしかに不快が生まれざるをえないのであるが、自我はそれとは別の形で快を獲得することができるのである。これはいわば代償的な満足である。自我は欲動の満足を断念することで、自分が高められたと感じるのであり、何か価値のある仕事を実現したかのように、こうした欲動の断念を誇りに感じるのである。

わたしたちはこのような形で快感が獲得されるメカニズムを理解していると考えている。この超自我というものは、個人の行動を幼年時代において監督していた両親や教育者の後継者であり代理人であって、両親や教育者が果たしていた役割をほぼそのまま受け継いでいる。超自我は自我をずっと服従させ、自我に絶えず圧迫を加えつづけている。自我は幼年時代と同じように、主人であるこの超自我の愛情を獲得したいと努力するのであり、超自我に認められると、それを解放と感じて満足する一方で、超自我に否定されると、それを良心の呵責と感じるのである。

このようにして自我は、欲動の満足を断念するという犠牲を払えば、超自我からますます愛されるようになるという褒美をもらえると期待するのである。こうして、超自我に愛されるに値する存在であるという意識が、自我にとって誇らしいものと感じられるようになる。外的な権威がまだ超自我として内面化されていなかった時代には、欲動の要求を実現することは、そのままで両親からの愛情を失うことを意味していた。この両親からの愛情を獲得するために自我が欲動の満足を断念すると、安心と満足の感情が生まれていたのである。ところがこうした外的な権威が自我の一部となると、この安心と満足の快適な感情が初めて、自己愛的な誇りという独特な性質を帯びるようになったのである。

個人心理学と集団心理学の違い

このような個人心理学における欲動の断念によって生まれる満足についての解明は、わたしたちが研究しようとしている出来事、すなわち精神が進歩したことによって自己意識が高揚するのはなぜかという問題を理解するために、どのように役立つのであろうか。一見するところほとんど役立たないように思える。まったく事情が異なっているからである。この自己意識の高揚において問題となっているのは欲動の断念ではないし、欲動の断念という犠牲を捧げるべき［超自我という］第二の人格や第二の審級などはそこには存在していないからである。

ただしこの第二の人格が存在しないという主張には、すぐに疑問が抱かれるかもしれない。というのも［モーセのような］偉大な人物は権威そのものであって、人々はこの権威に奉仕するために仕事を遂行するのであり、この偉大なる人物は父親と似た存在として影響力を行使するからである。そうだとすれば、集団心理学においてこの偉大な人物に、［個人心理学における］超自我と同じ役割が割り当てられても不思議ではないのである。そう考えると、ユダヤ民族とこの偉大な人物の関係についても、［個人心理学と］同じことがあてはまるのではないだろうか。

ただしこれ以外の点については、この二つの事柄の間に、納得すべき類似点は存在しない。精神の進歩の本質とは、感覚器官による直接的な知覚よりも、高度な知的な過程、すなわち記憶や熟慮や推論のプロセスが重視されることにある。たとえば父権制においては父親であることとは、母親であることとは違って感覚的な証言によって示されるものではないにもかかわらず、父親であることが母親であることよりも大切なことであると考えられているのであり、だからこそ子供は父親の名前を受け継いで、父親の跡を継ぐのである。

あるいは別の例で言えばわたしたちの神は、強風や魂と同じように目に見える存在ではないものの、やはりもっとも偉大で強力な存在である。そして性的な欲動や攻撃的な欲動の要求が拒絶された場合には、これとはまったく事情が異なるようである。精神の進歩にあたって、たとえば父権制が勝利する際には、何が貴重なものであるかを示す尺度となる権威もまた、目で見えるものとして示すことはできない。この場合に父親はこうした権威ではありえない。精神が進歩する結果として父親が初めて権威となるからである。

ところが人類が発展する過程において、精神が次第に感性を圧倒するようになり、人間はそのような進歩の一歩一歩に誇りを抱き、自分が高められたと感じるようになったのである。なぜそうなるかは明らかではない。またその後においても精神が信仰という謎めいた情動のもたらす現象によって圧倒されてしまうという事態が発生する。これがいわゆる〈不合理なるがゆえにわれ信ず〉という事態である。そしてこれを実現した者たちも、そのことをきわめて卓越した業績とみなしているのである。

あるいはこれらの心理学的な状況すべてにおいて、もっと別な要素が働いているのかもしれない。人間というものはたんに困難なものを高度なものと理解する存在なのかもしれないし、困難を克服したという意識がナルシシズムを亢進させ、それが人間の誇りとなったのかもしれないのである。

欲動の断念と倫理

このような議論は確かに、実り豊かなものではないかもしれないし、ユダヤ民族の特質を規定してきたものは何かというわたしたちの研究とは、まったく関係がないと思われるかもしれない。そうだとすればわたしたちにとっても気が楽になるというものだが、この議論がわたしたちが考察している問題と結びつきがあることは、いずれ考察することによって明らかになるだろう。

ユダヤ民族の宗教は最初は神の姿を造形することを禁止していただけであるが、その後の数世紀の流れのうちで次第に欲動の満足を断念することを要求する宗教になってゆく。この宗教は性的な禁欲を要求しているわけではなく、性的な自由にはっきりとした制限を加えることで満足しているだけである。それでも神は性的な現象からはっきりと遠ざけられており、倫理的な完全さの理想へと高められている。そして倫理とは欲動を制限することにほかならないのである。

預言者たちがくり返し警告しつづけたのは、神がユダヤ民族に望んでいるのは正しく節度のある生活を送ることであり、わたしたちの現在の道徳からみても悪徳と非難されるようなあらゆる欲動の満足を放棄することだった。そして神を信ぜよという要求すらも、こうした倫理的な要求の真剣さと比較すると、影の薄いものとなるようである。このようにして欲動の断念は、最初から明確な意味を持っていなかったとしても、この宗教においてきわめて重要な役割を果たすようになったと思われるのである。

ただしここで誤解を避けるために、もう一つ別の異論を提起しておこう。欲動を断念することと、こうした欲動の断念に依拠した倫理というものは、その発生の歴史からみると、宗教と密接に結びついているとしても、それが宗教の本質的な内容ではないのではないかという異論である。わたしたちが宗教の最初の形態とみなしているのはトーテミズムであるが、このトーテミズムのシステムでは、一連の掟と禁止命令が不可欠の内容となっているのであり、こうした掟と禁止命令が欲動の断念を求めているのは明らかなことである。

たとえばトーテム動物を崇拝して、こうした動物を傷つけたり殺したりしてはならないという掟も、集団の中の母親たちや姉妹たちを情熱の対象としてはならないという外婚制の掟も、兄弟同盟のすべての同胞たちに平等な権利を認めて、こうした同朋たちの間での暴力的な競争を禁止する掟も、どれも欲動の断念を求めるこの掟に含まれているのである。そしてこのような規定のうちに、倫理的な秩序と社会的な秩序の端緒がみいだされるのである。

ただしここには二つの異なった動機が存在していることも見逃すことはできない。最初の二つの掟は、殺害された原父の意志を尊重してこれを引き継いだものである。ところが第三の掟は同胞である兄弟の間での権利の平等を求めるものである。これは原父の意志とは別のものであり、原父の殺害の後に成立した新たな秩序を強固なものとして維持するという必要性によって生まれたものである。そうしなければ、また原父の殺害以前の状態に逆戻りせざるをえなかったであろう。これは社会的な掟であって、宗教的な関連から生まれたその他の掟とは、明確に区別されるのである。

個人としての人間の成長は人類の歴史を短縮したものであるが、そこにおいてもこのようなプロセスの本質的な段階が反復されている。ここにおいては両親の権威が、それに従わなければ力をもって罰を与えると脅す絶対的な父親の権威が、子供に欲動を断念するように求めるのである。子供にとって許されていることと禁じられていることを決めるのは、この権威である。

子供の頃に「良い子」とか「悪い子」として区別されていたものが、成長してから両親の占めていた場所に社会や超自我が登場するとともに、「善」とか「悪」とか、有徳であるとか欲望に負けやすいなどと言われるようになるのである。これは実際には同じことであって、父親を代理して父親の力を継続させる権威の圧力によって、成人に自分の欲動を断念させようとしているのである。

「聖なるもの」

聖なるものという奇妙な概念を研究してみれば、欲動の断念についてのこうした洞察がさらに深められることになろう。わたしたちが高く評価し、重要で有意義なものとして承認するもののうちで、何よりも「神聖なもの」として認められるのはどのようなものだろうか。

一方では神聖なものが宗教的なものと結びついているのは疑いのないことであり、宗教的なものはすべて聖なるものであり、この宗教的なものこそが聖なるものの核心をなしているということは、うんざりするほどくり返し強調されてきたことである。他方において宗教とはまったく関係のないさまざまな人物や制度や仕事などにも、聖なるものという性格を無理やりに押しつけようとするために、宗教的なものこそが神聖なものであるというわたしたちの判断が混乱してしまうのである。

こうしたものもまた神聖なものと呼ぼうとする試みには、ある傾向がはっきりと見て取れる。そこでわたしたちは神聖なものにきわめて強固に結びつけられている「禁止されたもの」という特性に注目してみたいと思う。神聖なものとは明らかに、触れてはならないもののことである。神聖なものが提起する禁止命令は、感情に強く訴えるものであるが、もともとは合理的な根拠のないものである。それでもたとえば自分の娘や姉妹と近親姦することが、他のあらゆる性的な交渉よりもはるかに重い罪であるとみなされるのはどうしてだろうか。その根拠を尋ねてみれば、わたしたちの感情がそれに激しく逆らうからだという答えが示される。しかしこの答えが語っていることは、それが禁止されるのは当然であるが、その根拠については分からないということだけなのである。

近親姦のタブー

このような説明が無意味なものであることはすぐに示すことができる。わたしたちのうちでもっとも聖なる感情を傷つけるこうした［近親姦という］営みは、古代のエジプトやその他の古代の民族の王族のうちではごく一般的な習わしであり、神聖なる慣習でもあったのである。ファラオがその姉妹のうちに、自分の最初のもっとも高貴な妻をみいだしたのは当然のことだった。またファラオたちのあとを継いだギリシア系のプトレマイオス朝の王たちも、ためらわずにこの慣習を採用したのだが、それも当然のことだった。

このようにみてくると近親姦は、とくにここでは兄と妹の間の性的な関係は、死すべき通常の人間には禁止されていたものの、神々を代理する王たちには、とくに許されていた特権だったと考えざるをえないのである。ギリシアやゲルマンの伝説世界も、このような近親姦の関係には、いささかも不快な感情を抱いていなかったと考えられる。そして現代の貴族においてもこの古代の特権の名残を利用して、どうにか家柄が保たれているのだと推測される。ヨーロッパの現在の最高級の社会層において、多くの世代を通じてこうした近親婚がおこなわれてきたために、現代のヨーロッパは一つか二つの家族の構成員によって支配されていると言えるほどである。

神々や王たちや半神半人の英雄たちが近親姦をおこなっていたことを指摘することは、生物学的な知識に基づいて人々が近親姦を避けているという議論を否定するのに役立つ。こうした議論では、人々が近親姦を避けるのは、近親姦がもたらす害についての曖昧な知識のためであると主張されているのである。実際のところは近親姦によって生物学的な害が発生することが確認されたことはないし、ましてや未開な民族がこうした有害性について知っていて、そのために近親姦を避けたなどと主張することはできない。結婚するのが許されているか、禁じられている親族関係の規定が変動することがあるという事実は、近親姦が避けられる根本的な理由が「自然の感情」にあるという主張に根拠がないことを示しているのである。

「サケル」という語の両義性について

太古の時代について解釈してみると、これとは別の説明が生まれてくる。近親姦の禁止という掟は、外婚制という掟を否定的に表現したものであり、この掟は原父の意志から生まれたものであって、原父を殺害した後になってもこの原父の意志が維持されつづけているのである。この掟が強力な情動によって支配されているのはそのためであって、だからこそ、この掟を合理的に根拠づけることができないのであり、この掟が聖なるものとなったのである。

聖なる掟とされているその他の掟についても研究してみれば、近親姦の忌避の場合と同じ結論がえられるだろうと、わたしたちは確信している。その結論とはすなわち、神聖なるものというのはその根源においては、原父の意志が持続していることを示しているものにほかならないということである。

このように考えてみれば神聖なものという観念を表現する言葉に両義的な意味があり、この両義性がこれまで理解されてこなかったことに、光をあてることができるようになる。というのも原父との関係を支配しているのは両義的な関係だからである。「ラテン語で聖なるものを意味する」「サケル sacer」という言葉には、たんに「聖なるもの」とか「聖別されたもの」という意味があるだけではなく、「邪悪なもの」とか「呪わしいもの」などと訳される意味もそなわっている。「黄金への呪わしき欲望」（アウリ・サクラ・ファメス）と言われるようにである。そして原父の意志というものは、それに手を触れることが許されないもの、人々が敬わなければならないものであるだけではなく、苦痛に満ちた欲動の断念を要求するものであるために、恐るべきものでもあったのである。

モーセは割礼という習慣を導入することによってユダヤ民族を「聖別した」と語られているが、こうしてみると、この言葉の深い意味を理解することができるようになる。割礼とは、かつてあらゆる権力を掌握していた原父が、すべての息子たちに強制した去勢の象徴的な代理物なのである。この象徴を受け入れた者はそのことによって、原父がどのような苦痛の多い犠牲を求めたとしても、原父の意志に従う用意があることを表明したのである。

ここで倫理の問題に戻るならば、一部の倫理的な規定は、個人に対する共同体の権利を制限するために、社会に対する個人の権利を制限するために、そして他の個人に対する個人の権利を制限するために、合理的に必要とされたものであったと結論することができよう。しかしこの偉大で秘密めいていて神秘的でありながら自明なものと思われる倫理というものも、わたしたちからみると、宗教との関係から、原父の意志によって生まれたものという性格をそなえていると考えられるのである。

e　宗教における真理内容

宗教心の効用

わたしたちのように宗教心の弱い人間にとっては、最高の本質を実現した神が存在することを確信している研究者たちがどれほど羨ましく思えることだろうか。このような偉大な精神にとっては、世界というものはいかなる問題も、もたらさないものだろう。というのも世界のすべてはこの偉大なる精神が自ら創造したものだからである。神の存在を信じる人々が身につけている教義というものは、なんと包括的で、徹底的で、最終的なものであろうか。

これと比べるとわたしたちが提示することができるのは、せいぜいのところ、苦労して作り上げた惨めで、断片的な説明にすぎない。この神のごとき精神は、倫理的な完全さの理想を体現した存在であって、そうした理想についての智恵を人間に植えつけると同時に、それぞれの人に、みずからの本質存在を、その理想に等しいものにしようとする衝動を植えつけるのである。

人間はより高く高貴なものと、より低く低劣なものを直感的に見分けるものである。人間の感情的な生活というものは、自分がこの理想からどれほどかけ離れているかという自覚によって規定されている。この理想にもっとも近づいた場合には、たとえば太陽にもっとも接近した近日点にいるかのように、人間には高貴な満足がもたらされる。その反対にこの理想からもっとも遠く離れてしまった場合には、太陽からもっとも離れた遠日点にいるかのように、人間は強い不快を感じるという罰を受けるのである。

こうしたことはごくわかりやすく、明確に定められたものである。生活における何らかの経験や世界観などのために、わたしたちがこのような理想の本質存在を想定することができなくなった場合には、わたしたちはそのことを遺憾に思うばかりである。もしも世界に、解決すべき多くの謎が存在していなかったとすれば、その場合にはわたしたちに新たな課題が突きつけられるようになる。すなわち、わたしたちとは違って、信仰を持っている人々はどのようにしてこのような神的な存在への信仰を獲得することができたのであろうか、さらにこうした人々の信仰は、どのようにして「理性と科学」を圧倒するほどの恐ろしい力を獲得することができたのか、という新たな課題が突きつけられるのである。

モーセがユダヤ民族にもたらしたもの

ここで、わたしたちがこれまで取り上げてきた控え目な問題に戻ることにしよう。わたしたちが解明しようとしてきたのは、ユダヤ民族に固有の特性はどのようにして生まれたのかということだった。ユダヤ民族はこの固有の特性によってこれまで存続しつづけることができたのである。このユダヤ民族に固有の特性を作りだしたのはモーセという人物であり、モーセはユダヤの民に宗教を与えることによってこれを実現したのである。この宗教によってユダヤの民の自尊心が高まり、自分たちは他のあらゆる民族よりも優れていると信じるようになったほどだった。ユダヤ民族はその後、他の民族とは距離をとることによって、自分たちの存在を守ったのだった。混血によってこれが損なわれることはなかった。ユダヤの民族を結びつけていたのは、特定の知的な財産ならびに情緒的な財産を共有しているという理念的な要因だったからである。

モーセの宗教がこのような現実的な影響を持ち得たのは第一に、これによってユダヤ民族を、この宗教がもたらした新たな神の観念の偉大さに参与させることができたからであり、第二に、ユダヤ民族は自分たちがこの偉大な神によって選ばれ、特別な恩寵を享受することが神によって定められていると、この宗教が主張したからであり、第三に、この宗教によってユダヤの民族は精神性における重要な進歩を実現することができたこと、さらに重要なことはこれによって知的な営みを高く評価し、欲動の断念をさらに促進するための道が彼らに開示されたからである。

これがわたしたちの研究によって獲得された成果であり、わたしたちはこの結論のいかなる部分についても撤回するつもりはないが、ここにいくらか満足できないものが含まれていることも否定できない。というのも結果をもたらした原因がその結果とうまく調和しないのであり、わたしたちが説明しようとする事実が、そのためにわたしたちが利用している事実と、桁違いにかけ離れているように思えるからである。わたしたちのこれまでのすべての研究が、出来事の全体の原因を発見できておらず、いわばその表面を考察しただけで、その表面の背後にさらに重要な原因が隠れているなどということがありうるだろうか。ただし人間の生活と歴史において、さまざまな原因が異例なほどに錯綜している場合には、そのようなことが起こりうることは、認めておかねばなるまい。

このような隠れた原因についての研究は、この論文において示された説明に関連してさらに深めることができたかもしれない。モーセの宗教はその影響力を直接的に行使したわけではなく、驚くほど間接的な形で影響力を行使してきたのである。このように間接的とはいっても、モーセの宗教がすぐに影響力を発揮しなかったと言いたいわけではないし、その完全な影響力を展開するまで、数世紀もの長い期間がかかったと言いたいわけでもない。ある民族の性格が作り出されるためには、長い期間が必要なのは当然なことである。モーセの宗教が影響力を行使する際にこのように間接的な形をとったということは、わたしたちがユダヤの宗教史から取り出してきた事実、あるいはむしろわたしたちがユダヤの宗教史の中に読み込んできた事実に関わるものである。

すでに述べたようにユダヤ民族はモーセの宗教を受け入れておきながら、それを投げ捨ててしまったのである。彼らが完璧にこの宗教を捨て去ってしまったのか、それとも掟のうちのいくらかを保持しておいたのかは、わたしたちには推測することもできない。

ユダヤ民族がカナンに侵入し、その地に居住していたさまざまな民族と戦っていた長い年月のうちに、ヤハウェの教えはその土地の諸民族のバール神の信仰と本質的に区別できなくなってしまったと考えられる。この恥ずべき事実を隠蔽しようとして、のちの時代にさまざまな試みがおこなわれたにもかかわらず、わたしたちのこの見解は歴史的な基盤をそなえたものと考えられる。

ただしモーセの宗教はまったく痕跡もなしに消え失せてしまったわけではなく、モーセの宗教に関する記憶は曖昧な形で歪曲されながらも維持された。おそらく祭司階級の少数の人々の保存した公文書のうちに記録されていたのであろう。偉大な過去についてのこうした伝承が、いわば背後から影響力を行使しつづけたのであり、次第にこれらの民族の信仰する神々を圧倒するような大きな力を獲得したのだった。そしてやがてはヤハウェの神をモーセの神に変えてしまったのである。このようにして数世紀も前に信じられたのちに、忘れられていたモーセの宗教が、ふたたび蘇って来たのである。

伝承のもつこうした力を明確に理解するにはどのようにしなければならないかについては、この論文ですでに述べてきた通りである。

f　抑圧されたものの回帰

個人の症例にみられる事例

ところで個人の心的な生活を精神分析によって調べてみると、同じような事象が多くみられる。このような事象の一部は病理学的な事象と呼ばれるが、多数の正常な事象のうちに含まれる事象にも、こうしたものがみられる。しかしこのような区別はそれほど重要ではない。病理学的な事象と正常な事象の区別の境界線はそれほど明瞭なものではなく、どちらの事象においても、広い観点からみれば同じメカニズムが働いているからである。重要なのは、その個人において発生した変化が、その人の自我にふさわしく親和的なものとして起きているのか、それともその人の自我にとって異質なものとして、自我と対立する形で起こるために、症状と呼ばれるのかという違いである。

ここでは多数の資料のうちから個人の性格の発展に関わる問題を明示している事例を取り上げることにしよう。

ある若い娘が母親と激しく対立しながら育ってきた。彼女は母親にないあらゆる性格を育て上げる一方で、母親を思い出させるあらゆる事柄を忌み嫌ってきた。ここで補足しておきたいのは、この娘も幼い頃はすべての女の子と同じように母親と同一化しようとしていたということである。しかし成長するにつれて、全力で母親に反抗するようになったのだった。しかしこの娘が結婚して、自らも妻となり母親となるにつれて、彼女があれほど嫌っていた母親とそっくりになり始めたのだった。やがてはひとたびは克服していたはずの母親との同一化が実現されるようになったとしても、何ら意外なことではない。

これと同じようなことは、男の子の場合にも起こりうる。あの偉大なゲーテでさえ、天才を発揮していた頃には、つまらないことをくどくどくり返す頑迷な父親を軽蔑していたものだが、老いてくると父親に似た性格のもつ特徴を示し始めたのである。

この親子の人格の対立がさらに激しくなった場合には、かなり奇怪な結果が訪れることもありうる。下劣な父親の下で成長しなければならないという運命のもとに置かれた青年が、若い頃にはこの父親に逆らうようにして、有能で誠実で高潔な人間に育っていった。ところが人生の絶頂とも言うべき時期において、彼の性格が急に変わっていった。彼はまるで自分の下劣な父親を手本としたかのように振る舞い始めたのだった。わたしたちが考察しているテーマとの関連を見失わないためには、このような人物もその幼い頃には父親と同一化していたという事実を忘れてはならない。この幼い頃の同一化はひとたびは否定され、過剰に代償されることもあったのであるが、やがてはこれがふたたび登場して、その存在を主張するようになるのである。

幼児期の経験の重要性

すでに常識となっていることだが、生まれてからの五年間に経験することは、その人の人生に決定的な影響を及ぼすものであって、その後の経験によってこれに抵抗することなどはできないのである。この幼年期に受けた印象が、その人の成熟してからのあらゆる影響にも抵抗しながら、どのようにしてその存在を主張しつづけるかについては、語るべきことは多いものの、ここで取り上げる問題ではない。

これよりも知られていないのは、このような幼児期に受けた印象によって強迫的な性格をもった強い影響が発生するのであり、幼児はまだ心的な装置が完全な受け入れ能力をそなえていない時期に、こうした強い影響を受けるということである。このことは疑問の余地のないものであるが、なかなか信じがたいことであるため、分かりやすく説明するために、カメラによる写真の撮影の比喩で考えてみよう。カメラで撮影したものは、その直後ではなく任意の期間を置いた後に現像して初めて映像化することができるが、それと同じなのである。

わたしたちが苦労してどうにか発見したことを、想像力に恵まれた詩人が、詩人らしい奔放さで語っていることはよくあることである。E・T・A・ホフマンは、詩作に際して多様な風景を自由に描き出しているが、そうした多様な風景が生まれる源泉について、みずから説明している。まだ母親の胸に抱かれていた幼児だった頃に、数週間にわたる郵便馬車に乗った旅を経験したが、その際にえられた印象の目まぐるしい変化が、そうした風景の源泉になっているというのである。

子供たちは、二歳の頃に体験したものの、その頃は理解できなかった事柄については、夢の中でしか思いださないものである。精神分析によってそうした体験が子供たちの意識に昇ってくることもありうるが、こうした体験が後の時期に強迫的な衝動性を伴って人生に侵入してくることもある。そのような場合にはこうした体験が彼らの行動を支配し、わけも分からないままに共感や反感を引き起こし、彼らの愛情選択まで決定してしまうことがある。そして彼らはたいていは理性によっては、そうした決定の根拠を示すことはできないのである。

この事実がわたしたちの問題に二つの点で関わってくるのは確かである。第一にこうした体験は、それが経験されてから影響を発揮するまでに長い時間が経過していることが指摘できる。*4 この時間的な隔たりは決定的な要因とみなされるものであり、わたしたちが幼児の体験における「無意識的なもの」として分類する記憶の特別な状態を理解するには、重要な意味をもっている。これまでわたしたちが民族の心的な生活における伝承と呼んできたものは、この個人における記憶の特別なあり方と類似したものと考えられる。無意識という観念を集団心理学のうちに導入するのはたやすいことではなかったのだが。

神経症の発病にいたるメカニズム

神経症の発病にいたるメカニズムは、わたしたちが探究している現象を解明するためにつねに役立つものである。これについても決定的な事件は幼児期に起こるのであり、わたしたちが探求している現象にあっては、それが発生する時期よりも、そうした出来事そのものと、その出来事に対する反応こそが重要なのである。これを図式的に表現すれば、以下のようになるだろう。こうした体験によって欲動の充足が求められ、その体験をした人は欲動を満足しようとする。ところが自我はこの欲動の充足を拒否するのである。それはこの要求が大きすぎて自我が麻痺した状態になってしまうか、それとも自我がこの要求のうちに危険を察知するからである。

自我が欲動の充足を拒むこれらの二つの理由のうちでは、第一の理由の方が根源的なものであるが、どちらの理由も危険な状況を回避するという同じ結果をもたらす。自我は抑圧というプロセスによって、自らを危険から守る。欲動の興奮は何らかの形で制止され、こうした興奮のきっかけとなった出来事も、それに付随した知覚や表象も忘却される。しかしこれでこのプロセスが終わるわけではない。その後も欲動はその強度を維持するか、のちの段階でふたたびその強度を取り戻すか、あるいは別の刺激を受けてふたたび目覚めるかのいずれかである。このようにしてふたたび欲動はその要求を自我に突きつけることになる。

しかし抑圧の傷跡とでも呼ぶべきものによって、欲動を通常の形で満足させる道は閉ざされているので、欲動はどこか別の脆弱な場所でいわゆる代理の満足をえるために、別の方向に進むことになる。そしてこの代理満足が症状として姿を現すのであるが、自我はこの代理満足が出現したことを承認せず、理解することもない。

このようにして症状の形成に関連したすべての現象は、「抑圧されたものの回帰」と呼ばれる。このように抑圧されたものは回帰するにあたって、症状の形成の明確な特徴として歪曲されてしまうために、最初のものとは見分けがつかなくなっている。これらの症状にまつわる事実を指摘することは、伝承との類似という論点から離れてしまうものではないかと考えられるかもしれない。しかしこれによって欲動の断念という問題を考慮する道が開かれたとすれば、それで十分なのである。

g　歴史的な真理

神の必要性

わたしたちがこのような心理学的な逸脱を試みてきたのは、モーセの宗教がユダヤ民族に対して効果を発揮するためには伝承という形を取らねばならなかったことについて、さらに深い確信を抱くためであった。しかし結局のところはある程度の確からしさしか示すことができなかった。もしもわたしたちが完全な証明を示すことができたとしても、そして必要とされる証明の質的な条件は満たすことができていたとしても、量的な条件は満たしていないという印象を拭い去ることはできなかっただろう。ユダヤ教を初めとして、宗教の成立に関わる事柄には、どこか偉大なものがつきまとっているという印象を受けるのであり、こうした偉大なものについてはわたしたちのこれまでの説明では解明することができていないのである。そこには、それに類似したものも、それに匹敵するものもありえないような別の要因が働いているに違いない。それはこうした偉大なものから生み出されてきた宗教そのものと同じように、どこか比類のないものであり、どこか桁違いなものである。

唯一神の理論

この問題に、これまでとは反対の方向から近づいてみよう。未開人が神のようなものを世界の創造主として、種族の首長として、個人的な守護神として必要としているのは理解できることである。この神は、伝承がまだなにごとかを伝えている死んだ祖先たちよりも、さらに背後に立っている。ところが現代のような後世の人々もまた、同じような態度をとっている。人間はいつまでも子供であり、成人になってもなお守護者を必要とする存在なのである。人間は神という拠り所なしでは生きていけないと考えているのである。

ここまでは議論の余地はないだろうが、神が独りでなければならないのはなぜか、主神が多くの神々を配下に置く単一神教から一神教への進歩が、なぜこれほど重要な意味を持つとされなければならないのかは、それほど分かりやすいわけではない。すでに考察してきたように、神を信仰する人々は自分の神の偉大さをみずからも分かち持つのであり、神が偉大であればあるほど、その神から期待することのできる庇護は強固なものとなるだろう。

しかし神が偉大な力を持つためには、その神が唯一の存在であることは必要条件ではないだろう。多くの民族は自分たちの信じる単一神が、それに従属する多数の神々を支配しているならば、こうした神を惜しみなく賞賛したのである。単一神の支配圏の外に多くの神々が存在しても、その神の偉大さが損なわれるわけではなかったのである。

たしかにこの神が普遍的なものとなり、すべての国土とすべての民族に配慮するようになったときには、その神との親密な関係が犠牲にされることになっただろう。その場合には人々は神を異邦人とともに分かち持つのであり、神を異邦人と共有したならば、神との親密さは失われることになる。それを補うためには自分たちが神からとくに優遇されていると考えねばならなかっただろう。一神教という考え方は人間の精神における進歩を意味するものであると主張することはできようが、これを格段に高く評価することはできないだろう。

この精神的な進歩の動機には、すでに述べたように明らかな欠陥が存在するのであるが、敬虔な信仰をもつ人々は、これを次のように説明しようとする。すなわち神が唯一の存在であるという理念が人々に強く訴えかけたのは、この理念は永遠の真理の一部であって、それが今まで長い期間にわたって隠されてきたのであるが、それがついに明らかにされ、すべての人の心を奪わずにはいられなかったというのである。このような要因はたしかに、わたしたちが考察している問題とその帰結の重要性にふさわしいものであることは認めねばならない。

わたしたちもこのような解決策を受け入れたいと思うのではあるが、そこでわたしたちはひとつの懸念すべき問題に出会うのである。というのはこのような敬虔な心による議論は、楽天主義的で理想主義的な前提に基づいているからである。人間の知性というものが、真理を見分けるための特別に優れた能力を持っているとか、人間の精神的な生活が真理を承認するための特別な適性をそなえているということは、これまで確認されたためしがないのである。わたしたちの経験が教えているのはまさにその反対であって、人間の知性というものは、くり返し警告しておかなければすぐに誤謬に陥ってしまうものであり、真理など顧慮することなく、願望によって生まれた幻想に対立しない事柄をすぐに信じ込んでしまうものなのである。

だからわたしたちは敬虔な信者たちの意見に同意する前に、ある制限を加えておかねばならない。というのもわたしたちもまた敬虔な信者たちのこうした見解が真理を含むものであることを認めるものの、それは内容に関わる真理ではなく、歴史的な事実としての真理にすぎないのである。そしてわたしたちはこの歴史的な事実としての真理がわたしたちのもとに回帰する際に、ある歪曲を加えられていること、そしてわたしたちにはこの歪曲を訂正する権利があることを主張せざるをえないのである。というのもわたしたちは現在において、唯一で偉大な神が存在することは信じていないものの、太古の昔においてある比類のない人物が存在したこと、そしてこの人物が巨大な存在と考えられ、神的な存在にまで高められたため、人々の思い出の中に回帰してきたことは信じることができるからである。

出来事の反復

わたしたちはモーセの宗教がまず排除され、その後に半ば忘却され、それから伝承の形をとってふたたび姿をあらわすようになったと想定したのだった。ところが今では、このプロセスがその当時において、すでに二度目のものとして反復されていたのだと考えるようになっている。モーセがユダヤ民族に唯一神の理念をもたらした時に、この理念そのものは新しいものではなく、人類という家族の太古の歴史において経験されていた出来事を反復したものであり、この出来事は人類の意識的な記憶からはずっと前に拭い去られていたものである。この体験はつねに重要なものであったために、人類の生活のうちに深く刻み込まれた変化を引き起こしたか、あるいはこうした変化への道を開いたために、こうした体験が伝承に匹敵するような永続的な道を、人類の魂のうちに刻み込んだに違いないと思われるのである。

これは個人の精神分析から経験的に確認できることであるが、まだ言葉を話すことのできない幼児の頃に受けたごく早い時期の印象は、ずっと意識的に想起されないでいたとしても、ある時に強迫的な性格を帯びた影響力を行使するようになるものである。これと同じことが人類のごく早期の段階にも発生したと想定することができるだろう。そして唯一の偉大な神という理念の登場は、このような影響力が働くことによって生まれたものであると考えられる。この影響力が生み出したものは、たしかに歪曲されてはいるものの、まったく正当な記憶であると考えざるをえないのである。

このような神の理念は強迫的な性格を帯びているだけに、それを信仰するしかないのである。この理念は歪曲されているものであるから、そのことを重視すれば妄想とみなすべきであろうが、一方ではこの理念が過ぎ去ったものの回帰であるという意味では、真理とみなさなければならない。精神医学において妄想と呼ばれるもののうちにも、ある真理が潜んでいるのであり、妄想を抱いている患者の確信は、この真理から出発しながらも妄想のヴェールをまとうことになっているのである。

総括

以下で述べることは最後に至るまで、第一部で詳細に述べた事柄を修正しながら反復したものである。

一九一二年にわたしは、『トーテムとタブー』という書物において、これまで述べてきたような影響力の発現の場となった古代の状況を再現しようと試みた。その際にわたしはチャールズ・ダーウィン、J・J・アトキンソン、そしてとくにW・ロバートソン・スミスのいくつかの理論的な見解を利用しながら、精神分析によって獲得された発見や示唆とこれらのものを結びつけようと試みた。

ダーウィンから借用したのは、人類が古代においては小さな群れを作って生活していて、その群れのそれぞれにおいて、かなり年配の雄《オス》が暴力的な支配をおこなっていたという仮説である。この雄は群れの中のすべての雌（メス）を独占し、息子たちを含めた若い雄を懲らしめ、群れから排除したのである。アトキンソンから借用したのは、この想定に依拠する形で、このような原父に対抗するために息子たちが団結し、この父を圧倒して殺害した後に、父親を食べてしまったという仮説である。これによってこの群れの家父長的な制度は終焉するにいたったのである。さらにわたしはロバートソン・スミスのトーテミズム理論に依拠しながら、息子たちが父親を殺害した後に、トーテミズム的な兄弟同盟を結成し、この同盟が群れを支配したと想定した。

勝ち誇って父親を殺害した息子たちは、実際には女たちを手に入れようとして父親を殺害したのであったが、「女たちをめぐる競争によって争いが起こるのを避けて」群れのうちで平和に暮らせるように、女たちを手に入れるのを断念したのである。このようにして兄弟たちは外婚制という掟を自らに課したわけである。父親の権力は打破されて、家族は母権制の原則に従って組織された。ところが父親を殺害した息子たちが父親にたいして抱いていた両義的な感情が、その後の推移に影響を及ぼしつづけた。

そして息子たちは父親の代わりに、ある動物をトーテム動物として定めたのである。この動物は始祖であると同時に守護霊であるとみなされ、傷つけたり殺したりしてはならないとされたが、年に一度は共同体の男性のすべてが集まって饗宴を開き、この饗宴においていつもは崇拝されていたトーテム動物が引き裂かれて、すべての男性たちによって食べ尽くされたのである。この饗宴にはすべての男性が参加することを求められた。これは父親を殺害した出来事を厳粛な形で反復するものであり、この反復からこそ、社会秩序も道徳原則も宗教も生まれたのである。ロバートソン・スミスが指摘するこのようなトーテム饗宴とキリスト教における聖体拝領の深い関係については、わたしが主張する前から多くの研究者によって注目されてきたのである。

わたしは現在でもこの構成の正しさを固く信じている。近年の民族学者たちの研究によって、ロバートソン・スミスの議論が否定され、それとはまったく異なる内容の理論が提示された。そしてわたしがこの書物の改訂版において、以前の考えを修正しなかったために、何度も非難されることになった。

わたしはこのような成り行きについてよく承知しているものの、この新しい理論を信奉しているわけではないし、ロバートソン・スミスの理論が誤っていることを認めたわけでもない。ある理論への反論は、その理論が間違っていることを証明するものではないし、新たな理論が進歩を実現しているというものでもない。

それよりも先に指摘しておくべきことは、わたしが民族学者ではなく精神分析者であるということである。わたしは民族学の文献のうちから、精神分析に役立つものを選び取る正当な権利を持つものである。独創的なロバートソン・スミスの仕事は、精神分析で取り組む心理学的な素材と興味深い接触点をそなえているのであり、こうした心理学的な素材を考察するための結びつきをみいだすために役立ったのだった。そして彼の理論に反論する人々の意見には、共感できるものはみいだせなかったのである。

h　歴史的な発展

「抑圧されたもの」の回帰とは

ここでは『トーテムとタブー』の内容について、これ以上は詳しくくり返して論じることはできないが、人類の太古の時代から、歴史時代に入って一神教が勝利を収めた時期にいたるまでの長い時間的な空白を埋める作業だけは、おこなっておかねばならないだろう。兄弟同盟が結成され、母権制が採用され、外婚制の掟が決められ、トーテミズムが採用されて、全体的な社会の構成が確立された後に、緩慢な「抑圧されたものの回帰」とでも呼ぶべき時代が続いたのである。

ここでわたしたちは「抑圧されたもの」という用語を本来とは違う意味で使用している。ここで「抑圧されたもの」という言葉で言おうとしているのは、民族生活のうちで過ぎ去ってしまったもの、忘却されたもの、克服されたものである。そしてわたしたちはこれを個人の心的な生活において抑圧されたものと同じようなものとして考えようとしているのである。

この民族生活において過ぎ去ってしまったものが、その暗黒時代のうちで、どのような心理学的な形態をとって存在していたかは分からない。個人心理学の概念を集団心理学に適用するのはたやすいことではないし、「集合的な」無意識という概念を導入しても、それがとくに役立つわけでもない。無意識的なものの内容はそもそも、人間が集団的に所有している共有の普遍的な財産なのである。そこでわたしたちは暫定的な形で、アナロジーの論理を用いることにする。

わたしたちがここで民族生活について研究している出来事は、精神病理学によって個人の心理について確認されている出来事とよく似ているものではあるが、まったく同じであるというわけではない。そこでわたしたちは最終的に、太古の時代において人々の心のうちに沈殿したものが、その後の時代において新たな世代の心のうちで覚醒されたという仮説を採用するのであり、そうした記憶は新たに獲得する必要のない遺伝的な財産になったと考えるのである。

このように主張する根拠としては、人間が「誕生すると同時に、人間と一緒に生まれてきた」としか言いようのない象徴というものが存在することを指摘しておきたい。こうした象徴は言語が発達する時期に現れてくるものであって、すべての子供たちにとって教えられる必要のない自明なこととして登場するのであり、言語の違いにかかわらずあらゆる民族に共通したものとして存在するのである。

こうした仮説ではまだ確実に示すことができない点については、わたしたちは精神分析の研究に基づいた別の証拠を示すことができる。人間の子供たちは、いくつかの重要な事柄において、それまでの体験に応じた形で反応するのではなく、動物と同じように本能的に反応するのであって、こうした本能的な反応は系統発生的な形で獲得されたとしか説明できないのである。

唯一神の登場

抑圧されたものの回帰は、人類の文化史を満たしているさまざまな生活条件のあらゆる変動の影響を受けながら緩慢に起こるのであり、自然発生的に起こるものではない。わたしはここで抑圧されたものの回帰が、そうした生活条件の変動とどのように関係するかについて展望を示すことはできないし、こうした回帰において発生するさまざまな段階について詳しく述べることもできない。

やがて父親はふたたび家族の長となるが、原始の集団に見られたような無制限の権力はもはや失われている。トーテム動物の代わりに神が崇拝されるようになるが、それにいたる過程は、現在でも明瞭に確認できる。最初のうち神は人間の身体を持ちながらも、頭部だけは動物の頭を持っていた。やがて神がこの特定の動物に好んで変身することが多くなり、この動物が神にとって聖なる存在とみなされた。こうした動物は神の恩寵を受ける従者となるか、あるいは神がこの動物を殺害して、この動物にちなんだ名前を与えられるかのいずれかとなった。トーテム動物と神の間に、半神半人の英雄が現れることがあるが、これは神化の前段階をなすものである。

　至高の神という理念はかなり早い時期からあらわれるようであるが、最初のうちはまだ影のようにぼんやりしたものであって、人間が日常的に関心を持つ対象ではありえない。種族や民族が大きな単位に統合されていくと、神々もまた家族を形成して、序列を作りだすようになる。やがてこれらの神々の中の一柱の神が、その他の神々や人間たちを超越した主神として認められるようになる。その後でこうした一柱の神だけに敬意を払うような段階へとゆっくりと進み、最終的に唯一神が全能を発揮するように整えられ、他の神々がこの唯一神に並び立つことはできないことが確定される。こうなると最初の原始の群れの原父の名誉が復活されたことになり、原父に対して感じることがふさわしいような激しい感情もふたたび発生することになる。

　このように長く待ち望まれていた原父との出会いが起こると、その最初の影響力は凄まじいものであった。そのことはシナイ山における戒律の授与にまつわる伝承が描き出しているとおりである。モーセの宗教では父なる神に対する驚嘆の念と畏怖の気持ちと神の恩寵を目にしたことに対する感謝の思いなど、積極的な感情だけが強調されていた。父なる神が抵抗することのできない存在であるという確信や、こうした父なる神の意志に服従しようとする思いは、原初の群れの原父によって威圧され、寄る辺のない存在となっていた息子にとっては、これ以上ないまでに無条件的で強烈なものだったであろう。父なる神に向かう時の気持ちは、自分が未熟な赤子であった頃の環境を思い出すことで初めて理解することができるだろう。

赤子の気持ちの動きは、成人の場合とはまったく次元の異なる強度をそなえたものであり、汲み尽くすことのできない深さを蔵している。これに匹敵することができるのは、ただ宗教的な恍惚の感情だけであろう。このようにして偉大なる原父が復活してきた時に人々が感じた気持ちは、偉大なる神に服従することによって生まれる陶酔の気持ちなのである。

ユダヤの民の宗教と倫理

これによってあらゆる時代において父なる宗教が向かうべき方向が定められたと言うべきなのであるが、それでその発展が終了したわけではない。父親との関係というものは本質的に両義的なものなのである。時が経つとともに、感嘆の対象であるとともに恐れをもたらす存在であった父親を殺害するように息子たちを駆り立てたかつての敵愾心が、やがてふたたび動き始めることになった。

ただしモーセの宗教の枠組みにおいては、殺害にまで駆り立てた父親への憎悪が直接に表現されることはありえなかった。息子たちのうちにあらわれたのはこの憎悪に対する強烈な反応だけであり、このように父親に敵愾心を抱いたことによって生まれる罪の意識であり、神に対して罪を犯したのに、その罪を犯すことをやめることができないという疚しい良心であった。預言者たちがこの罪の意識をくり返し覚醒させつづけたために、これはこの宗教体系を統合する内容の一つとなったが、一方ではその真の源を巧みに偽装するために役立つ別の表面的な動機づけと結びついたのだった。

ユダヤ民族をめぐる状況は過酷なものだった。神の恩寵に恵まれるという希望が満たされる見込みはなかった。それだけに自分たちが神に選ばれた民であるという好ましい幻想を抱きつづけるのは困難なことであった。そしてこの幻想のうちに生きる幸福を断念しないのであれば、自分の罪深さを認めようとするこの罪の感情と、神がこうした罪を許してくれるという喜ばしい期待とを結びつけるほかなかったのである。人々は神の掟を守らなかったのであるから、神によって罰せられなければならないが、これが人々が期待することのできる最善の帰結とされた。この罪の感情は癒されることがないものであり、きわめて底深い源泉から生まれるものであるだけに、この感情を満足させるためには、掟はますます厳しく、苦痛で、細部にわたる詳細なものとならざるをえなかった。

道徳的な禁欲がもたらす新たな陶酔のうちで、人々はますます多くの欲動を断念するようにみずからに強制するようになり、それによって宗教的な教えと掟は、古代の他の民族がとうてい太刀打ちすることもできないような倫理的な高みにまで達したのである。このように倫理的な高みに発展してゆくことのうちに、多くのユダヤ人はユダヤ教のもたらす第二の重要な特性と、第二の重要な業績をみいだすことになる。これらの特性と業績が、唯一神の理念という最初の特性とどのように関係するかは、本書の論考によって示されているはずである。

いずれにしてもユダヤ人のこの倫理の高さが、抑圧された神への敵愾心に由来する罪の意識を根源とするものであることは否定できない。というのもこの倫理は、それ自体においては完結することがなく、完結しえないという性格を帯びているが、これは強迫神経症の反動形成に固有の特性なのである。またこうした倫理が、罰せられたいという秘密の意図のために役立っていることも明らかであろう。

パウロの功績

それ以降の展開は、ユダヤ教の枠組みを超えたものとなる。原父の殺害という悲劇から回帰してきたその他の要素は、いかなる意味でもモーセの宗教だけと結びついたものではないからである。こうした罪の意識はすでに以前から、ユダヤ民族だけに限られたものではなくなっていた。あらゆる地中海沿岸の民族は、どこから生まれたのかよく理解できない重苦しい不快感と、破滅の予感を生み出していたこの罪の意識に、苦しめられるようになったのである。

現代の歴史記述では古代文化が老いて衰えたことを語っているが、これは当時のさまざまな民族を支配していた不機嫌な気分を生みだした偶発的な要因と補助的な要因だけを示すものにすぎないものと思われる。ところがこの重苦しい状況がどのようにして生まれたのかを解明した人物もまた、ユダヤ人のうちから登場した。この状況が生まれた原因を解明するためにさまざまな方法と心構えが編み出されたのだが、この精神についての理解を最初に示したのは一人のユダヤ人だった。これはローマ市民としてはパウロと名乗っていたタルソス出身のサウロという人物である。

この人物こそが、自分たちがこれほどまでに不幸なのは、父なる神を殺害してしまったためであるという洞察を示したのである。そしてパウロが、この真理を把握するためには、自分たちには喜ばしい福音が与えられているという妄想じみた偽装を必要としたのは無理からぬことであった。すなわちパウロは、自分たちの仲間のある男が、人間の罪を贖うために命を犠牲にしたために、自分たちはあらゆる罪から救われたのであると言い始めたのである。

パウロのこの主張では、神の殺害については語られていないのは当然であるが、ある人が命を捧げることによって贖《あがな》われなければならなかった犯罪とは、殺人以外には考えられない。そしてこうした妄想と歴史的な事実としての真理との結びつきをさらに強固なものとするために、自分の命を犠牲にした人物が神の息子であったという理論が提示されたのである。この新たな信仰は、歴史的な真理という源泉から生まれたものであるだけに、すべての妨害を圧倒してしまう力をそなえていた。こうして、至福をもたらす選民意識の代わりに、解放を約束する救済への信仰がもたらされたのである。

それでも父親を殺害したという事実が人類の記憶のうちに回帰するにあたって、一神教の内容に関わる抵抗とは別のもっと大きな抵抗を克服しなければならなかった。

そしてそのためにさらに大きな歪曲が生まれたのである。口にすることのできないこの父親殺しという犯罪の代わりに、もともとは影のように曖昧なものであった原罪という考え方が採用されなければならなかったのである。

原罪の概念

原罪とイエスの犠牲となった死による救済という理論は、パウロが確立した新しい宗教の支柱となった。原父に反抗して反乱を起こした兄弟たちのうちに、実際に父親殺しの首謀者や扇動者がいたのかどうか、あるいはこうした人物像は、ある特別な人物を英雄として描くために、詩人の空想によって後の時代に創造され、これが伝承の中に組み込まれるようになったのかどうか、これは結論がでないままにしておかねばならない。

キリスト教はユダヤ教の枠組みを破壊した後で、他の多くの源泉から材料を取り込んだのだった。このようにしてキリスト教は純粋な一神教の多くの特徴を放棄したのであり、地中海沿岸の民族の儀式のうちに細部にわたって残存していた要素にもたれかかることになった。それはあたかもエジプトが、イクナートンの後継者に改めて復讐しているかのようであった。

ここで注目しなければならないのは、この新しい宗教が、父親との関係において古代からかかえこんできた両義性と、どのような折り合いをつけたのかということである。この新しい宗教の主な内容は、父なる神との和解と、神に対して犯された犯罪の贖罪であった。ところがこの宗教の感情の働き方の別の側面を調べてみると、自ら罪の償いを引き受けた息子であるイエスが、父親と同格の神となり、厳密に言えば父親に成り代わってしまったことが明らかになる。キリスト教は父親の宗教から出発して、結局は息子の宗教になってしまったのである。父親を排除しなければならないという運命からは逃れようもなかったのである。

この新しい宗教を受け入れたのは、ユダヤ民族のうちのごく一部の人々だけであった。そして受け入れを拒否した人々は今なおユダヤ人と呼ばれている。今日のユダヤ人はこの区別によって、これまで以上に明確に他の人々から分離されている。キリスト教というこの新しい宗教共同体は、ユダヤ人だけではなくエジプト人、ギリシア人、シリア人、ローマ人、そして最終的にはゲルマン人をも受け入れるようになったのであり、今日のユダヤ人はこれらの人々から、お前たちは神を殺してしまったのだという非難の言葉を聞かされねばならなくなっている。この非難をつまびらかに言えば次のようになる。お前たちは神を殺しておきながらそのことを認めようとしない、ところがわれわれはそのことを認めているのだから、この罪からは浄められているのである、というのである。

こうした非難の言葉にどれほどの真実が潜んでいるかはすぐに理解できよう。自分たちが神を殺してしまったという告白は、そこにどのような歪曲が加えられるとしても、進歩を可能にする要素を含んでいる。ところがユダヤ人はこの進歩をともにすることができなかったのである。それがどうして不可能であったかは、特別に研究すべき問題であろう。いずれにしてもユダヤ人はこの進歩をともにすることができなかったので、いわば悲劇的な罪を背負うことになったのである。そしてそのためユダヤ人は凄まじい罰を受けることになった。

わたしたちの研究は、ユダヤ民族の特徴はどのようにして生まれたのかという問いに、ある程度は光を投じることができたかもしれない。しかしユダヤ人が今日に至るまで独立した存在として存続し得た理由については、あまり明らかにできなかった。もっともこのような謎に対して完璧な答えを与えることは要求されるべきではないし、期待されるべきでもないだろう。この論文でわたしがなすことができたのは、すでに示した制約のもとで、こうした問いに答えるための貢献をおこなうことにすぎない。

第三論文第二部の原注

＊1 昔はユダヤ民族に対して「癩病やみ」という悪口が投げかけられたものであるが（「エジプト神官で歴史家のマネト［の伝える伝承を］」参照）、これは「奴らはまるで俺たちが癩病やみであるかのように、俺たちに近づこうとしない」という他民族の感情を投影したものであろう。

＊2 ただしここでわたしが言いたいのが、世界はあまりにも複雑であるから、どんなことを主張しても、ある程度の真理はそなえているということだと誤解していただきたくない。わたしが言いたいのはそのようなことではない。わたしたちの思考はその自由な働きによって、現実世界にまったく対応するもののないような依存関係や相互関係をみいだしてきたのであり、わたしたちの思考は科学の内部でも外部でも、この自由を豊かに駆使してきたのである。このことからも、わたしたちは思考の自由というものをつ

ねに高く評価してきたのである。

＊3 フレイザーの前掲書［『金枝篇』］を参照されたい。

＊4 これについてもある詩人の言葉が思いだされる。このつながりについて詩人は次のように語っている。「過ぎ去りし時代において、お前はわたしの妹であり、わたしの妻であった」（ゲーテ、ワイマール版全集、第四巻、九七ページ［これはゲーテがシャルロッテ・フォン・シュタインに捧げた詩の一句である］）。

解説

『モーセと一神教』における宗教批判の道筋

中山元

三つの宗教批判の書物

一九三九年に刊行されたこの書物は、ナチスの脅威と、オーストリア当局によって精神分析が禁止されるのではないかという懸念に脅かされながら、何かに憑かれたかのようにフロイトが書き進めていった最晩年の著作であり、遺著である。全体は三部からなる。ユダヤの民のエクソダスを率いたモーセはエジプト人であったと主張する第一論文「モーセ、一人のエジプト人」と、第二論文「もしもモーセが一人のエジプト人であったなら」は、イギリスに亡命する前から書きつづけていたものである。そして、もっとも長い第三論文「モーセ、その民族、一神教」の大半は、亡命後に仕上げられている。姉妹の多くをナチスのために失ったユダヤ人のフロイトは、ウィーンからのエクソダスを果たすことで、迫害の懸念なしにこれらの考察をまとめることができたのである。癌で息を引きとったのは刊行した年の九月である。

モーセがほんとうにエジプト人であったかという問題は別として、この書物では晩年のフロイトの宗教批判の核心が明確な形で示されている。フロイトはすでに宗教批判を含む著作をいくつか発表していた。一九二七年の『幻想の未来』では、カント的な啓蒙の立場から、理性的な宗教批判を展開し、さらに精神分析の強迫神経症の治療によって獲得された知識から、宗教を人類のかかる集団的な神経症であるとして批判していた。

さらに一九三〇年の『文化への不満』では、文化において宗教がはたす一定の役割を認めながらも、西洋におけるキリスト教の性道徳の抑圧的な役割を批判し、良心を神の声とみなすキリスト教的な道徳を批判していた。

そして一九三九年のこの『モーセと一神教』では、ユダヤ教の歴史を考察しながらキリスト教の発生の場所を探り、キリスト教とユダヤ教の関係を明らかにしながら、同時代の反ユダヤ主義の由来を考察するという遠大な宗教批判の道筋を採用したのだった。

宗教の発展段階

この『モーセと一神教』の宗教批判においてフロイトは、宗教の内的な論理をたどりながら、三つの時期に分けて宗教の成立と発展について考察する。まずトーテミズムとして最初の宗教的な現象が登場してから、多神教が登場するまでの最初の時期、次にユダヤ教において一神教が誕生し、これをひきついだキリスト教が登場した時期、最後に中世から現代にかけて、ユダヤ人の迫害がつづき、反ユダヤ主義が猛威をふるった時期である。以下ではフロイトが示した歴史的かつ論理的な順序にしたがって、この三つの時期を順に調べてみよう。

まずフロイトは、宗教の原初的な形態として、未開社会にみられるトーテミズムの習慣について考察する。そしてトーテミズムからどのようにして宗教が多神教という形で登場したかを、精神分析における強迫神経症の研究を手がかりとして調べようとするのである。『幻想の未来』では、宗教と強迫神経症にはある共通性があることが指摘されたが、それは儀礼にたいするこだわりという現象の共通性が考察されたにとどまる。なぜそのような共通性が生まれたかは、考察の対象となっていなかった。

本書では、『トーテムとタブー』(一九一三年)の議論に依拠しながら、宗教において強迫神経症の症状に似た現象がみられる理由を説明しようとする。まずフロイトは『トーテムとタブー』で示された主張を反復する。おそらくまだ言語がそれほど発達していなかった遠い昔の「原始時代には原始人は小さな群れに分かれて暮らしていたが、この群れは一人の力の強い雄《オス》によって支配されていた」(一八二ページ)と想定する。これが〈原父〉である。この雄《オス》は群れのすべての雌《メス》を所有しており、息子たちは群れの外部に排除されて、共同生活を送っていた。あるいは父親をあまりに刺激した息子たちは、去勢された可能性もあるとフロイトは指摘する。

しかし息子たちのうちでも最年少の子供は大事にされ、母親の愛に守られて、父親の跡目を継ぐことができることも多かった。この状況に不満を感じた年上の息子たちは力をあわせて〈原父〉を倒すことに成功する。そして当時の風習にしたがって、全員で殺した父親の肉を食べたのである。これは父親の身体の一部を体内にとりいれることで、父親との同一化を進めようとするカニバリズムの行為であり、息子たちは父親を憎むと同時に愛していたという両義的《アンビヴァレント》な愛情を抱いていたことを示すものである。

この〈原父〉の殺害の後に、しばらく混乱期が続く。すべての息子たちが、かつての父親の地位について、すべての雌《メス》を独占することを望むからである。しかしやがて息子たちはこの試みが空しいものであることを認識するとともに、かつての父親への愛情がよみがえり、父を殺したことに罪の意識を感じるようになる。

そこで息子たちのあいだに一つの「社会契約」が締結される。父親の地位を独占することをあきらめ、集団の内部の女性に向けられた性的な欲動の充足を放棄し、たがいに攻撃しあわないという義務を認めることになったのである。そのために集団内部の女性を妻とすることが禁止され（インセスト・タブー）、外部の集団から妻を求める外婚制（エクソガミー）が確立されることになる。

それとともに、かつての父親にたいする罪責感から、トーテム動物が選ばれ、これが父親と同一視されるようになる。この集団にとってはこのトーテム動物は神聖なものであり、殺してはならないものである。それでいてある特別の催しにおいて、このトーテム動物を殺害して、全員でその肉を食べる「トーテム饗宴」が祝われることになる。ある動物を神聖なものとさだめるこのトーテミズムは、「人類の歴史における最初の宗教的な発現形式」（一八七ページ）とみることができるのであり、最初の神は動物だったというわけである。その次の段階にいたって、動物に代わって人間の顔をした神が誕生することになる。フロイトは父親を殺害した後の集団で権力を握るのは女性だと考え、ここに母権制の社会が生まれると主張している。そのためにやがて強力な女神の時代が訪れると想定する。このあたりはフロイトの思い込みに満ちた推測ともいうべきものであり、宗教学的には異議の多いところだろう。しかし豊穣の女神が男性神に先立つという人類学的な主張もあるのはたしかである。

その後、家父長制の時代が訪れるとともに、神々は男性となるが、この時代はまだ諸神が併存し、「たがいに他の神々に制約を加えあいながら、ときには上位にある優位の神に服従していた」(一八八ページ)のだった。これはいわばギリシアのオリンポスの神々の時代に相当することになる。これが単一神教の時代である。

フロイトは神経症の患者において、動物恐怖症、父親から食べられるという恐怖、そして父親恐怖の裏返しである強い去勢不安が存在していることを指摘する。これは〈原父〉の殺害と、トーテム動物の崇拝という人間の原始時代の記憶が、系統発生的に幼児に現れるのだということになる。

そしてフロイトは幼児期における去勢の不安が神経症を生むように、人間の原初の宗教的な現象は、父親殺しの記憶と罪責感を原因とする神経症的な症状だと考える。

「宗教的な現象とは、こうした出来事の症候的な帰結にほかならない」(一八一ページ)というわけである。

唯一神の登場

次にフロイトは、当時のオリエントで主流だった多神教または単一神教の世界から(単一神教は唯一神教と異なり、その民族の神が一人であることを主張するだけであり、他の神の存在は否定しない)、ヘブライのユダヤ教においておそらく世界で初めて、唯一神の理論が登場したのはどのような状況のもとにおいてであるかという「謎」の解明にとりかかる。

フロイトは本書の第一論文「モーセ、一人のエジプト人」と第二論文「もしもモーセがエジプト人であったなら」において、モーセがエジプト人だったこと、アメンヘテプ四世の太陽神信仰を、ヘブライの民に教えたこと、そしてユダヤ人がモーセを殺害したこと、ユダヤ教の根源には、この原父の殺害の記憶とトラウマがあること、そしてヘブライの民は、残酷な神ヤハウェとモーセの記憶を統合する形で、一神教を創始したことを主張していた。そして、『トーテムとタブー』の議論を延長して、ユダヤ教という宗教の根源に、原父の殺害があることを指摘してきた。

しかし本書の第三論文「モーセ、その民族、一神教」ではさらに一歩を進めて、精神分析的な考察を深める。まずフロイトが注目するのは、オリエントの好戦的な神であるヤハウェの信仰がそのままでは維持されず、殺害したはずのモーセの太陽神の教えの記憶のもとで、ヤハウェが唯一神として信仰されるようになったことである。ヘブライの民はどうしてこの世界宗教の基礎となる唯一神という信仰を確立したのだろうか。

この謎を解くためにフロイトは、「潜伏期」と「抑圧されたものの回帰」という神経症の現象に注目する。まず『快感原則の彼岸』（一九二〇年）でも考察された外傷神経症には、事故を経験した時点から、症状が発生するまでにある程度の期間が介在しているのが通例であることから、そこには「潜伏期」があると想定せざるをえない。

そしてフロイトはこの個人心理学的なプロセスを、アナロジーの方法を応用して集団心理学に適用することで、ユダヤの民においても、モーセの記憶がよみがえって、その教えをふたたび採用するようになるまでは、ある「潜伏」期間が存在しているはずだと考えるのである。

この「潜伏」の現象と類似しているのは、神経症の患者が症状を発生するのは、幼児期にうけたトラウマが原因となっているという状況である。フロイトの論におけるトラウマ（心的外傷）には次の三つの特徴がある。まずトラウマは、五歳頃までの幼児期にうけたものである。またトラウマとなる経験は原則として完全に忘却されている。ただしこの記憶喪失は隠蔽記憶によって覆われているだけであり、心から完全に消え失せているわけではない。第三に、この経験は「攻撃的で性的な意味をもつ印象によるものであり、自我の早期の損傷（ナルシシズム的な傷）によるものである」（一六八ページ）とされる。

神経症が発症するのは、この幼児期のトラウマのために、自我が抑圧する部分と抑圧された部分に分裂することによる。通常の自我の部分は、現実の外界の要求に適合するが、抑圧された部分はこのような心的なプロセスとはまったく独立した「王国」を形成してしまうのである。

思春期になって、または思春期をすぎた頃から、青年は現実の世界に適合することを求められるようになる。しかし心の中の独立した「王国」はそれに抵抗する。そのために神経症が発生するのである。「この神経症の発病は同時に、主体による治癒の試みとみなすことができる。トラウマの影響のために分裂していた自我の部分が、残りの部分と和解して、外界に抵抗できるような強力で一体的な自我へと統合されることを試みる」(一七五ページ)のである。そのためには、かつて抑圧されていたものの一部を呼び起こすことが必要となるが、これはトラウマのために自我にとっては非常に困難な課題となる。この作業は精神分析の力を借りても実行するのが難しい仕事であり、失敗すると、自我は完全に荒廃してしまうことになる。

フロイトはある神経症の男性の症例を実例として説明しながら、神経症の発病の背景にあるプロセスを要約している。それは「幼児期におけるトラウマ、防衛、潜伏、神経症の疾患の発生、抑圧されたものの部分的な回帰」(一八〇ページ)というプロセスである。この個人の神経症の発生のメカニズムは、人類の歴史においても適用できるとフロイトは考える。

ユダヤの民は、その歴史の幼年期において、父なるモーセを殺害するという愚挙にでた。しかし偉大な指導者を殺害したことは、抑圧されて正式な記録には書き残されず、ただ伝承として記憶されていただけだった。防衛のメカニズムのために、その事件が意識にのぼらないように抑圧されたからである。

そしてユダヤ人の民は、近隣のオリエントの神々の一人であるヤハウェを信仰するようになった。これはオリエント地方に多くみられる好戦的で野蛮な神であったが、ある「潜伏」の期間を経て、モーセの一神教の理念がよみがえる。それはその民族がただたんに一人だけの神を信じるのではなく、その神だけが世界で唯一の神であるという信仰であり、儀礼や犠牲の意味を否定し、真理と正義の生を重視するものだった。「結局はのちのユダヤのヤハウェ神は、三つの重要な点で、モーセの神と同じものとなった」（一四六ページ）のである。

ここには奇妙な逆説がある。ユダヤの民は父なるモーセを殺害してしまった。この原父の殺害の記憶と罪責感は抑圧されて忘却されたが、「伝承が人々の背後から働きつづけ」（一五九ページ）て、モーセの宗教が蘇生したのである。「あるものが忘却の後に回帰してくるとすれば、それは特別な力をもって地位を確保し、人間集団にたいして比類のないほど強い影響を及ぼすようになる」（一九〇ページ）。こうしてユダヤの民はみずからを神に選ばれた「選民」とみなし、この「理念を貴重な財産」（一九二ページ）として決して手放そうとしなかった。そして「この宗教に報いと栄誉と、そして最後に世界制覇の望みを託した」（同）のだった。

キリスト教の誕生

ユダヤの民は現在でも「選ばれた民」という信念を捨てていないようであるが、「世界制覇」の望みはずっと前に捨てている。しかし「ユダヤ人の敵となった民族」(同)であるドイツのナチスの体制は、『シオンの賢者の書』という反ユダヤ主義的な文書を武器として使うことにより、ユダヤ人に世界制覇の望みがあると言い立てて、逆に世界制覇を試みるという逆説的な状況が生まれたのである。

ただしここでフロイトはキリスト教の誕生において、もう一つ別のトリックをしかけている。それはイエスの磔刑による死と、この死をめぐるパウロのキリスト論、そしてアダムの原罪をめぐる議論である。パウロはイエスが十字架で刑死したことにきわめて強い印象をうけていた。そして神の子が死ぬという不思議さのうちに、パウロは救済と贖いの議論を展開する。過激なユダヤ教の一分派にすぎなかったナザレのイエスの素朴な教えが、救世主であるキリストについての複雑な理論体系として確立されるためには、このイエスの死を人類の罪の贖いの行為として解釈することが何よりも必要とされたのであり、その土台を提供したのがパウロだったのである。

パウロは、神の子のイエスが死ぬべきであったのは、最初の人間のアダムが神にたいして罪を犯したからであり、イエスは身をもってその罪を贖ったのだと考えた。この原罪の観念は旧約聖書に示されていたものであるが、それを人間に生まれつきにそなわる「原罪」という形でとりだして、神の子のイエスの死はその罪の贖いの行為であったと指摘したのはパウロが初めてだったのである。

旧約聖書でもパウロの議論でも、このアダムの罪は神への反抗にすぎない。しかしフロイトは、イエスの死を原罪と結びつける。そして神の子が死をもって贖わねばならない罪はどのようなものかと問う。この問いに答えるようにフロイトは「実際には、死に値する犯罪とは、原父の殺害」（一九四ページ）であると指摘する。「神の一人息子が、罪なき者として殺されたのであり、この一人息子は、そのようにしてすべての人の罪を身に負ったのである。殺されるのは息子でなければならなかった。父親の殺害の罪への贖いだからである」（同）。

もちろんここには途方もない飛躍がある。フロイトは、イエスが原父を殺した兄弟同盟の指導者であり、主犯だったとしか考えられないとまで主張するのである。ただしフロイトがこのような論理的な飛躍をあえてすることで可能になったことがある。

キリスト教の儀礼の特殊性と、ユダヤ教とキリスト教の関係について、いくつかの興味深い洞察を手にしたのである。

第一はキリスト教の聖体拝領の儀礼におけるカニバリズム的な特徴を説明できるということである。キリストの血としてのワインとキリストの身体としてのパンをいただく聖体拝領の儀礼は、「信者たちが救世主の血と身体を体内にとりいれる行為であり、昔のトーテム饗宴の内容を反復したものである」(一九六ページ)とフロイトは指摘するが、この儀礼のカニバリズム的な特徴は、以前から指摘されてきたことだった。フロイトのトーテミズムの理論は、この特徴を巧みに説明することができる。

第二にフロイトは、父の宗教だったユダヤ教と息子の宗教となったキリスト教の地位的な違いについて鋭い洞察を示す。フロイトは、キリスト教のうちには父にたいする古いアンビヴァレンツが表現されていることを指摘する。パウロの改革は、「表向きは、父なる神との和解のためにおこなわれたとされているが、実際には父なる神を王座から追放し、亡きものとすることになった。ユダヤ教は父の宗教だったが、キリスト教は息子の宗教になった。古い父なる神はキリストの背後に退き、息子であるキリストが、父の位置についた。これはかの太古の時代に、すべての息子が望んでいたことである」（一九七ページ）という指摘には、キリスト教とユダヤ教の重要な関係が示されている。

第三の洞察は、キリスト教が原罪と贖いという概念を通じて、父親である神にたいする罪責感を自覚的に認めたのにたいして、父たる神から選ばれたという信念を捨てようとしなかったユダヤ教は、父に逆らいつづけたことを認めながらも、その罪責感は無自覚なままにしていたために、他の民族から大きな非難を浴びせかけられることになったと指摘したことである。

フロイトは、唯一神の理念を確固として手放さなかったことがユダヤ教の重要な功績であるにもかかわらず、これがモーセ殺害にたいする意識的な承認ではなく、その否定であることに注目する。そしてユダヤ人たちはイエスの死に直面して、モーセ殺しという「自分たちの行為を否定するという反応を示した。偉大なる父の存在を承認するという姿勢のうちにとどまり、後にパウロが太古の歴史との継続点として示したところに進むのを拒んだのである」（一九九～二〇〇ページ）ということを指摘する。「ユダヤ人たちは父の殺害を否定しつづける。そのためにキリスト教世界から、「お前たちはわれらの神を殺したのだ」（二〇一～二〇二ページ）と非難されつづけることになる。こう非難するキリスト教世界は、「われわれはもちろん神を殺した。しかしわれわれはそのことを告白したのだから、われわれは赦されているのだ」（二〇二ページ）と主張するのである。これがヨーロッパにおける反ユダヤ主義の背景にある重要な心理的な要因となっていると、フロイトは指摘する。

キリスト教世界の反ユダヤ主義

「お前たちはわれらの神を殺したのだ」という非難は、イエスの殺害を理由として、キリスト教世界がユダヤ人を迫害するための重要な根拠づけとされてきたのは周知のことである。フロイトはこの論の執筆当時に猛威をふるっていた反ユダヤ主義の根拠を探しつづける。そこにはたんなる偏見のようなものではないもっと深い理由、精神分析によってしか明らかにならない理由があるはずなのだ。

フロイトはユダヤ嫌いの理由とされるものを次々と列挙する（二〇二～二〇五ページ）。異国の民だからと言われるが、これには根拠がない。たとえばケルン にはゲルマン民族よりもユダヤ人が早い時期から定着していたのである。多数民族のうちで少数民族として暮らしているという状況が、ユダヤ人が嫌われる根拠にされることもある。しかしこれは根拠というよりも、少数者を共同体から排除することで、共同体の結束を強めようとする社会の一般的なメカニズムの現れであり、フロイトは『文化への不満』でもこうしたメカニズムの存在を指摘していた。

またユダヤ人は異民族だと呼ばれることもあるが、ユダヤ人は「アジアの異民族ではなく、地中海の諸民族の後裔」（二〇三ページ）で構成されているのであり、これは見当違いである。またさまざまな商業的な活動で優れた能力を発揮するだけでなく、すべての文化的な活動で貴重な貢献をしているのに、そのことが逆に目障りなものとして、排除の原因とされるのである。

これらのキリスト教世界におけるユダヤ人嫌いの根拠を検討してみると、どれも表面的なものであり、すぐに反駁できるものにすぎないことがわかる。それでいてユダヤ人嫌いはヨーロッパから姿を消さず、ユダヤ人のいないオーストリアの片田舎でさえ、激しい反ユダヤ主義が荒れ狂うようなこともあったのである。表面的には語られない反ユダヤ主義の根拠、無意識的なユダヤ人嫌いの理由があるに違いない。「ユダヤ人嫌いの根深い動機は、はるかに過去の時代に根ざしたものであり、諸民族の無意識のところに働きかける」（二〇四ページ）とフロイトは指摘する。

それでは精神分析によってどのようなユダヤ人嫌いの根深い動機が明らかになるだろうか。その無意識の根拠としてフロイトは、キリスト教の民族の嫉妬、割礼がもたらす去勢不安、強制されたキリスト教への不満と土俗的な信仰への愛着をあげている。

まずドイツを中心としたゲルマンの民族は、「選ばれた民族」であると信じているユダヤ人の民族に嫉妬を感じているかのようである。まるでユダヤ人の主張を、ユダヤ人そのものよりも、ユダヤ人を迫害する民族が信じ込んでいるかのごとくである。ここにも『シオンの賢者の書』と同じような逆説がみられる。

またユダヤ人は幼児の頃に割礼を行うが、これが不気味な印象を与える。それは幼児の頃の去勢不安を想起させるからだろうし、さらに「遠い太古の時代の忘れたい記憶に触れる」（同）からなのだろう。最後にフロイトがあげる理由は興味深いものである。ゲルマンの民族は土俗的な宗教を捨てて、キリスト教を押しつけられたことをいまだに無意識のうちで恨んでいるというのである。そしてキリスト教を信仰している今となってはキリスト教にその恨みを表明することができないために、キリスト教の源泉であるユダヤ教を目の敵にしているのだという。「これらの民族のユダヤ人嫌いは、根本的にはキリスト教嫌いなのである」（二〇五ページ）。フロイトは、ナチスがユダヤ人に敵愾心を向けるのはユダヤ教のせいだけではなく、キリスト教とユダヤ教の結びつきが意識されているからだと考えるのである。

ユダヤ教の優位

これでフロイトの反ユダヤ主義の根拠と無意識的な動機についての考察はひとまず終わることになる。ツヴァイク宛ての書簡でも語っていたように[1]、『モーセと一神教』という書物は、当時のヨーロッパにふき荒れていた反ユダヤ主義の土台を暴きだすことを隠れた目的としていた書物であり、その目的はここで達成されたということができるだろう。

ここでフロイトのかすかな優越感がもらされていることに注目しておこう。フロイトはユダヤ教はキリスト教に克服されたかのようにみえるが、ユダヤ教にはキリスト教にはない優れた点があることに注意を促しているのである。キリスト教は割礼の義務をなくすことで世界宗教に成長することができた。しかしこの宗教がローマ帝国で布教され、世界的な宗教へと成長する過程において、いくつかの犠牲をはらうことになった。

その一つは、キリスト教がヨーロッパの農村での普及を目指すとともに、ローマの異教とも土俗的な信仰ともおりあいをつけねばならなくなったことである。「この新しい宗教は多くの点で、古いユダヤの宗教にたいする文化的な退行という意味をもっていた。こうした退行は、知的な水準の低い大衆が大勢で参加した場合や、彼らの参加を許容した場合にはよくみられることである」(一九八ページ)。

三位一体というキリスト教の教義の根本的な理論は、三つの同位格の神的な存在を主張するという意味で、唯一神論からの逸脱という意味を含んでいたのであり、その当時の多くの分派は、父なる神だけを神として認め、イエスを神と認めないことで異端として告発されたのだった。多数の聖者への信仰も、聖母マリアへの信仰も、土俗的な信仰との結びつきを示すものであり、多くの聖者伝は土俗信仰の上に、これを「隠蔽する」(2)ことによってしか書かれなかったのである。その意味では「キリスト教は、ユダヤ教が到達していた精神的な高みを維持することはできなかった」(同)と言っても間違いではないのである。

フロイトは「何よりもキリスト教はアトン教やそれをうけついだモーセの宗教とは違って、迷信的で、魔術的で、神秘的な要素の浸透を拒まなかった。こうした要因はその後の二千年の精神的な発展にとって深刻な障害となるものだった」（一九八ページ）と厳しく指摘する。ただしキリスト教は宗教史的な意味では「一つの進歩」（一九八〜一九九ページ）であり、その後では、「ユダヤ教はいわば〈化石〉のようなものとなってしまった」（同）ことも、フロイトは認めているのである。教義的な優位が、その後の歴史においては桎梏となり、ユダヤ教そのものを〈化石〉とする逆説的な効果を発揮したことを認めるフロイトの言葉は実に苦々しいものである。(3)

（1）一九三四年九月三〇日付のフロイトのツヴァイク宛ての書簡。フロイトはここで『モーセと一神教』のモチーフについて、「新たな迫害に直面して人々はまた、ユダヤ人はどのようにして生まれたのか、ユダヤ人がこの絶えることのない憎悪を浴びるのはなぜなのかと自問しています。わたしはやがて〈モーセがユダヤ人を作ったのだ〉というテーゼをまとめました」と語っている（邦訳は『フロイト著作集』第八巻、生松敬三ほか訳、人文書院、四二一ページ）。

（2）中世史家のJ・ル・ゴフは、キリスト教がゲルマンやフランク族の土着の文化からの影響を退けることができず、これを受け入れ、修正する形でしか、普及することができなかったことを指摘している。そしてときには「遮蔽」するためのエネルギーが投じられ、それがキリスト教にさまざまな歪みをもたらすことになったのである。ジャック・ル・ゴフ『もうひとつの中世のために――西洋における時間、労働、そして文化』（加納修訳、白水社、二六〇ページ）を参照されたい。

（3）なお、この『モーセと一神教』そのものが、ナチスの迫害によって姉妹を失いながら生き延びたフロイトのトラウマの表現であることも考えられる。「『モーセと一神教』の構成と歴史は、抑圧と、抑圧されたものの再出現のくり返しというトラウマ的な形態をとって」いるのはたしかだからである（キャシー・カルース『トラウマ・歴史・物語――持ち主なき出来事』下河辺美知子訳、みすず書房、三〇ページ参照）。

フロイト年譜

一八五六年
東欧のモラビア（現チェコ共和国東部）の町フライブルクのユダヤ人商人の一家の長男として生まれた。ただしフロイト家はその頃にはユダヤ教の儀礼は採用しておらず、わずかに年数回のユダヤの宗教的な祭を祝うにすぎなかった。しかしユダヤ人としての出自は消えず、フロイトは父が町でユダヤ人にたいする嫌がらせで帽子を叩き落とされて、屈辱を味わわされるのを目撃している。この事件は父親にたいするアンビヴァレント（両義的）な感情を高めるとともに、ユダヤ人であることの意味を考えさせることになった。

一八六〇年　四歳
フロイト一家、ウィーンに移住。経済的には苦しい生活を強いられる。フロイトはウィーンは嫌いだと語ることが多かったが、事態が絶望的になるまでは、決してウィーンを離れようとはしなかった。

一八七三年　一七歳
ウィーン大学医学部に入学。生理学者

のブリュッケのもとで学び、顕微鏡によるザリガニの神経細胞の研究で優れた業績をあげている。一八八一年に医学の学位を取得。翌年には、マルタ・ベルナイスと出会って、婚約する。

一八八五年　二九歳
パリを訪問して、シャルコーの有名なヒステリー治療の講義に出席する。それまでにフロイトは、コカインの利用に関する論文を発表して注目されていたが、このときの強烈な体験で、心理学の分野に進むようになる。

一八八六年　三〇歳
ウィーンで神経症の治療を開始する。この治療の経験がやがてブロイアーとの共著『ヒステリー研究』（一八九五年）に結実する。この年、マルタと結婚。

一八九五年　三九歳
『ヒステリー研究』刊行。どれも興味深い症例だが、アンナ・O嬢の分析は、フロイトが催眠術を利用するのをやめて、患者に語らせる「カタルシス」療法を始める決定的なきっかけとなる。

一九〇〇年　四四歳
『夢解釈』（邦訳は『夢判断』）を刊行。すでに一八九五年頃から神経症の治療というよりも精神分析というべき治療法を確立していたが、その重要な方法が患者に夢を語らせることであった。見た夢について患者に尋ねることで、患者の無意識があらわになることが明らかになってきたのである。「夢の解釈は、精神生活の無意識を知るための王道だ」と考えていたフロイトはこの著書で、主として自分の夢を手掛かりに、無意識の表象の重層的な意味の分析方法を明かしたのである。

一九〇一年　四五歳

『日常生活の精神病理学』を刊行。フロイトにとって、無意識が存在することを示す兆候は、三つあった。神経症という病、夢、そして日常生活におけるうっかりした言い間違えや忘却などである。すでに疾患と夢について考察していたフロイトは、この書物でこの第三の兆候について詳細に検討した。

一九〇二年　四六歳

ウィーンのフロイト宅で水曜日ごとに私的な集まりを開くようになった。これがウィーン精神分析協会の始まりである。この協会には、フェレンツィ、ランク、アドラーなどが集まった。後にはアーネスト・ジョーンズが参加してロンドンに精神分析協会を設立し、やがてユングも参加してチューリッヒに精神分析協会を設立する。こうしてフロイトの精神分析の運動は、世界的な広まりをみせるようになる。そして弟子や仲間たちの背反の歴史も始まる。

一九〇五年　四九歳

『性理論三篇』刊行。精神分析の中核となるのは、幼児期の性的な体制の理論とエディプス・コンプレックスの理論であるが、これらの理論を明確に提示したのが、この重要な理論書である。
また同年に、『あるヒステリー患者の分析の断片』を発表（症例ドラ）。これは分析が失敗に終わったドラの分析記録であり、以後フロイトは重要な症例分析を次々と発表する。ウィーン精神分析協会の参加者の一人の息子ハンスの動物恐怖症を分析した記録『ある五歳男児の恐怖症分析』（一九〇九年、症例ハンス）、強い父親コンプレックスに悩まされていた強迫神経症の患者の分析である『強迫神経症の一症例に関する考察』（一九〇九年、症例・鼠男）、ドイツの裁判官のパラノイアの分析として名高い『自伝的に記述されたパラノイア（妄想性痴呆）の一症例に関する精神分析的考察』（一九一一年、症例シュレーバー）、ロシアの貴族の強迫神経症の分析である『ある幼児期神経症の病歴より』（一九一八年、症例・狼男）は、フロイトの五大症例として有名であり、精神分析の世界ではいまなお模範的な症例分析とされている。

一九一四年　五八歳

『ナルシシズム入門』発表。第一次世界大戦の勃発にともなう政治的、文化的な危機と、極限状態における人々の異様な反応は、フロイトにそれまでの理論的な体系の再検討を促すものだった。こうしてフロイトはメタ心理的な理論を構築するようになる。そのきっかけとなったのがナルシシズム論の再検討だった。この状況は「戦争と死に関する時評」(一九一五年)にありありと描かれている。

一九一五年　五九歳

『欲動とその運命』刊行。この書物はフロイトの新しいリビドー論を展開するものであり、新たな理論構想が胎動したことを告げる書物である。その後「抑圧」「無意識について」などのメタ心理学の論文が次々と発表される。

一九一七年　六一歳

メタ心理学の論文のうちでも、フロイトにとってとくに重要な意味をもっていたのが、死と喪についての論文「喪とメランコリー」である。この論文でフロイトは新しいリビドーの理論をナルシシズムの理論と結びつけて展開する。これが後に死の欲動という新しい理論に結実することになる。

一九二〇年　六四歳

『快感原則の彼岸』刊行。これはそれまでの自己保存欲動とエロス欲動という二元論的な構成を、死の欲動とエロスの欲動という二元論に組み替えるにいたった注目すべき論文である。ラカンなど、後の精神分析の理論家に大きな影響を与える書物となる。

一九二三年　六七歳

『自我とエス』刊行。新しい欲動論が登場したため、自我の審級論にも手直しが必要となる。後期のフロイトの自我の局所論を示す重要な著作。この年、口蓋部に癌を発病。以後、長くこの病に悩まされる。晩年のフロイトは体調不良の中で執筆をつづけることになる。

一九二七年　七一歳
『幻想の未来』刊行。フロイトの宗教批判を初めて明確なかたちで訴えた書物。宗教だけではなく、宗教という「病」を生んだ西洋の社会にたいするまなざしも鋭い。

一九三〇年　七四歳
『文化への不満』刊行。『幻想の未来』の論調をうけつぎながら、西洋の文化と社会にたいする批判をさらに研ぎ澄ませた書物。超自我と良心の理論、昇華の理論、不安の理論など、それまでの精神分析の理論的な成果を文明批判に応用することによって、精神分析がたんに患者の治療に役立つだけではないことを示したのである。精神分析の理論が政治理論の分野に進出した異例な書物でもある。

一九三三年　七七歳
ヒトラーがドイツで権力を掌握。オーストリアもファシズム国家になる。ユダヤ人迫害も厳しさをまし、国際連盟の無力さがやがて明らかになることになる。この前年フロイトはアインシュタインと書簡を交換し、人間が戦争に赴く理由について考察した「人はなぜ戦争をするのか」を書き、この年に発表している。この書簡のペシミズムは、その後のフロイトを支配する主要な傾向の一つとなる。

またこの年に、『精神分析入門（続）』を刊行。これは『精神分析入門』（一九一六〜一九一七年）の続編として、フロイトの後期の理論体系を講義としてわかりやすく語ったものである。

一九三八年　八二歳

ドイツがオーストリアを占領。ヒトラーがウィーンに到着した三月一三日以降、ウィーンではユダヤ人迫害の嵐が吹き荒れる。三月一五日にはフロイトの自宅が家宅捜索され、二二日には娘のアンナが逮捕され、ゲシュタポに連行されたが、無事に帰宅できた。六月四日にフロイト一家はウィーンを離れ、六日にはロンドンに到着した。しかしフロイトの五人姉妹のうちの四人までが収容所やゲットーで死亡することになる。

一九三九年　八三歳

フロイトの西洋文明とキリスト教批判の最後の言葉である『モーセと一神教』刊行。『トーテムとタブー』（一九一三年）の原始社会の誕生に関する考察を敷衍しながら、この書物で検討していたトーテミズムを端緒とする西洋の宗教の歴史の全体を展望する壮大な書物である。また同時に、ユダヤ教についての長年の考察をまとめ、さらにキリスト教批判と、ユダヤ人迫害の背景についても考察した遺著となる。この年の九月二三日、癌のために死去。

訳者あとがき

本書はフロイトの最晩年の著作『モーセと一神教』の全訳である。底本としては、Sigmund Freud, *Der Mann Moses und die monotheistische Religion*, Amsterdam, Verlag Allert de Lange, 1939 を利用した。

なお第三論文「モーセ、その民族、一神教」の第一部のA節からD節までは、フロイト『幻想の未来／文化への不満』（中山元訳、光文社古典新訳文庫）に掲載した訳文に、手を加えたものである。また解説も、この文庫版の解説に手をいれたものである。

なおフロイトの原文においてイタリックで強調されている部分は、傍点で示してある。ただし固有名詞のイタリックは、とくに示していない。また小見出しは訳者によるものであり、原文にはない。読みやすいように改行を加えてある。

古典新訳文庫版は抄訳だったので、フロイトのいわば妄執のこもったこの作品を切り刻んだような気分で、気が咎めていた。今回この全訳をまとめることができて、フロイトにいくらかでも借りを返せたような気分である。

＊　＊　＊

本書はいつものように、光文社の駒井稔さんと編集者の今野哲男さんの励ましをきっかけとし、翻訳編集部の中町俊伸さんのこまやかなご配慮と、編集者の中村鐵太郎さんの細かな原文チェックを支えとして誕生したものである。いつもながらのご支援に、心から感謝の言葉を申しあげたい。

中山　元

光文社古典新訳文庫

モーセと一神教《いっしんきょう》

著者　フロイト
訳者　中山元《なかやまげん》

2020年2月20日　初版第1刷発行

発行者　田邉浩司
印刷　新藤慶昌堂
製本　ナショナル製本

発行所　株式会社光文社
〒112-8011東京都文京区音羽1-16-6
電話　03（5395）8162（編集部）
03（5395）8116（書籍販売部）
03（5395）8125（業務部）
www.kobunsha.com

ISBN978-4-334-75419-8 Printed in Japan

いま、息をしている言葉で、もういちど古典を

長い年月をかけて世界中で読み継がれてきたのが古典です。奥の深い味わいある作品ばかりがそろっており、この「古典の森」に分け入ることは人生のもっとも大きな喜びであることに異論のある人はいないはずです。しかしながら、こんなに豊饒で魅力に満ちた古典を、なぜわたしたちはこれほどまで疎んじてきたのでしょうか。

ひとつには古臭い教養主義からの逃走だったのかもしれません。真面目に文学や思想を論じることは、ある種の権威化であるという思いから、その呪縛から逃れるために、教養そのものを否定しすぎてしまったのではないでしょうか。

いま、時代は大きな転換期を迎えています。まれに見るスピードで歴史が動いていくのを多くの人々が実感していると思います。

こんな時わたしたちを支え、導いてくれるものが古典なのです。「いま、息をしている言葉で」――光文社の古典新訳文庫は、さまよえる現代人の心の奥底まで届くような言葉で、古典を現代に蘇らせることを意図して創刊されました。気取らず、自由に、心の赴くままに、気軽に手に取って楽しめる古典作品を、新訳という光のもとに読者に届けていくこと。それがこの文庫の使命だとわたしたちは考えています。

このシリーズについてのご意見、ご感想、ご要望をハガキ、手紙、メール等で翻訳編集部までお寄せください。今後の企画の参考にさせていただきます。
メール　info@kotensinyaku.jp

光文社古典新訳文庫　好評既刊

幻想の未来／文化への不満
フロイト
中山元 訳

理性の力で宗教という神経症を治療すべきだと説く表題二論文と、一神教誕生の経緯を考察する「人間モーセと一神教（抄）」。後期を代表する三論文を収録。

人はなぜ戦争をするのか エロスとタナトス
フロイト
中山元 訳

人間には戦争せざるをえない攻撃衝動があるのではないかというアインシュタインの問いに答えた表題の書簡と、「喪とメランコリー」、『精神分析入門・続』の二講義ほかを収録。

ドストエフスキーと父親殺し／不気味なもの
フロイト
中山元 訳

ドストエフスキー、ホフマン、シェイクスピア、イプセン、ゲーテ……。鋭い精神分析的な考察で文豪たちの無意識を暴き、以降の文学論に大きな影響を与えた重要論文六編。

人間不平等起源論
ルソー
中山元 訳

人間はどのようにして自由と平等を失ったのか？　国民がほんとうの意味で自由で平等であるとはどういうことなのか？　格差社会に生きる現代人に贈るルソーの代表作。

社会契約論／ジュネーヴ草稿
ルソー
中山元 訳

「ぼくたちは、選挙のあいだだけ自由になり、そのあとは奴隷のような国民なのだろうか」。世界史を動かした歴史的著作の画期的新訳。本邦初訳の「ジュネーヴ草稿」を収録。

光文社古典新訳文庫　好評既刊

純粋理性批判（全7巻）
カント
中山元　訳

西洋哲学における最高かつ最重要の哲学書。難解とされる多くの用語をごく一般的な用語に置き換え、分かりやすさを徹底した画期的新訳。初心者にも理解できる詳細な解説つき。

実践理性批判（全2巻）
カント
中山元　訳

人間の心にある欲求能力を批判し、理性の実践的使用のアプリオリな原理を考察したカントの第二批判。人間の意志の自由と倫理から道徳原理を確立させた近代道徳哲学の原典。

道徳形而上学の基礎づけ
カント
中山元　訳

なぜ嘘をついてはいけないのか？　なぜ自殺をしてはいけないのか？　多くの実例をあげて道徳の原理を考察する本書は、きわめて現代的であり、いまこそ読まれるべき書である。

永遠平和のために／啓蒙とは何か　他3編
カント
中山元　訳

「啓蒙とは何か」で説くのは、その困難と重要性。「永遠平和のために」では、常備軍の廃止と国家の連合を説いている。他三編をふくめ、現実的な問題を貫く論文集。

善悪の彼岸
ニーチェ
中山元　訳

西洋の近代哲学の限界を示し、新しい哲学の営みの道を拓こうとした、ニーチェ渾身の書。アフォリズムで書かれたその思想を、肉声が音楽のように響いてくる画期的新訳で！

光文社古典新訳文庫　好評既刊

ソクラテスの弁明

プラトン
納富 信留 訳

ソクラテスの裁判とは何だったのか？　ソクラテスの生と死は何だったのか？　その真実を、プラトンは「哲学」として後世に伝え、一人ひとりに、自分のあり方、生き方を問うている。

プロタゴラス──あるソフィストとの対話

プラトン
中澤 務 訳

若きソクラテスが、百戦錬磨の老獪なソフィスト、プロタゴラスに挑む。通常イメージされる老人のソクラテスはいない。躍動感あふれる新訳で甦る、ギリシャ哲学の真髄。

メノン──徳《アレテー》について

プラトン
渡辺 邦夫 訳

二十歳の美青年メノンを老練なソクラテスが挑発する！　西洋哲学の豊かな内容をかたちづくる重要な問いを生んだプラトン対話篇の傑作。『プロタゴラス』につづく最高の入門書！

饗宴

プラトン
中澤 務 訳

悲劇詩人アガトンの優勝を祝う飲み会に集まったソクラテスほか6人の才人たちが、即席でエロスを賛美する演説を披瀝しあう。プラトン哲学の神髄であるイデア論の思想が論じられる対話篇。

パイドン──魂について

プラトン
納富 信留 訳

死後、魂はどうなるのか？　肉体から切り離され、それ自身存在するのか？　永遠に不滅なのか？　ソクラテス最期の日、弟子たちと獄中で対話する、プラトン中期の代表作。

光文社古典新訳文庫　好評既刊

自由論　新たな訳による決定版
ミル
斉藤　悦則　訳

個人の自由、言論の自由とは何か？　本当の「自由」とは？　21世紀の今こそ読まれるべき、もっともアクチュアルな書。徹底的に分かりやすい訳文の決定版。（解説・仲正昌樹）

市民政府論
ロック
角田　安正　訳

「私たちの生命・自由・財産はいま、守られているだろうか？」近代市民社会の成立の礎となった本書は、自由、民主主義を根源的に考えるうえで今こそ必読の書である。

リヴァイアサン　1・2
ホッブズ
角田　安正　訳

「万人の万人に対する闘争状態」とはいったい何なのか。この逆説をどう解消すれば平和が実現するのか。近代国家論の原点であり、西洋政治思想における最重要古典の代表的存在。

ユダヤ人問題に寄せて／ヘーゲル法哲学批判序説
マルクス
中山　元　訳

宗教批判からヘーゲルの法哲学批判へと向かい、真の人間解放を考え抜いた青年マルクス。その思想的跳躍の核心を充実の解説とともに読み解く。画期的な「マルクス読解本」の誕生。

神学・政治論（上・下）
スピノザ
吉田　量彦　訳

宗教と国家、個人の自由について根源的に考察したスピノザの思想こそ、今読むべき価値がある。破門と焚書で封じられた哲学者スピノザの〝過激な〟政治哲学、70年ぶりの待望の新訳！

★続刊

オリバー・ツイスト　ディケンズ／唐戸信嘉・訳

イギリスの地方都市の救貧院で育った孤児オリバー・ツイストは、ロンドンの犯罪社会に巻き込まれたり、温厚な紳士の庇護を受けたり、様々な運命の変転を経験しながら、やがて自らの出自の謎を知る……。文豪ディケンズの代表作。挿絵多数。

すべては消えゆく　マンディアルグ最後の傑作集　マンディアルグ／中条省平・訳

五月下旬の午後遅く、パリの町の美しさを堪能しつつメトロに乗り込んだユゴー・アルノルドは、隣の席に座った女が無遠慮に化粧するさまに魅了される。女優だという彼女は彼をエロスの極みに誘うが……。隣り合わせの性と死を描く三篇収録。

みずうみ／人形使いのポーレ　シュトルム／松永美穂・訳

将来結婚するものと考えていた幼なじみとのはかない恋とその後日を回想する代表作（「みずうみ」）ほか、「三色すみれ」「人形使いのポーレ」を収録。若き日の甘く切ない経験を繊細な心理描写で綴ったシュトルムの傑作短編集。